PT・OT・STのための

訪問・通所
リハビリテーション
はじめの一歩

高橋仁美　金子奈央 編

医歯薬出版株式会社

編著者一覧

◆編　集◆
高橋　仁美
金子　奈央

◆執　筆◆（執筆順）
高橋　仁美	市立秋田総合病院リハビリテーション科技師長
金子　奈央	川崎幸病院リハビリテーション科
宮田　信悦	大曲中通病院リハビリテーション係主任
金森　大輔	藤田保健衛生大学医学部七栗サナトリウム歯科講師
伊藤友倫子	藤田保健衛生大学医学部リハビリテーション医学Ⅰ講座
藤井　航	九州歯科大学歯学部歯学科老年障害者歯科学分野准教授
加賀谷　斉	藤田保健衛生大学医学部リハビリテーション医学Ⅰ講座准教授
髙見　彰淑	弘前大学大学院保健学研究科健康支援科学領域障害保健学分野准教授
長濱あかし	刀根山訪問看護ステーション所長
川越　厚良	市立秋田総合病院リハビリテーション科
ジョーンズ　佳子	外旭川訪問看護ステーション

はじめに

　地域リハビリテーションについては，「障害のある人々や高齢者およびその家族が住み慣れたところで，そこに住む人々とともに，一生安全に，心豊かにいきいきとした生活が送れるよう，医療や保健，福祉及び生活に関わるあらゆる人々や機関・組織がリハビリテーションの立場から協力し合って行う活動のすべてを言う」と，2001年に日本リハビリテーション病院・施設協会によって定義されています．

　この内容は，地域包括ケアシステムの理念と共通しています．地域包括ケアシステムの構築は，2025年を目途に，重度な要介護状態となっても住み慣れた地域で自分らしい暮らしを人生の最後まで続けられるよう，地域の包括的な支援・サービス提供体制を実現しようとするものです．このシステムの構築の中で，地域リハビリテーション活動支援事業としての訪問リハビリテーションや通所リハビリテーションには大きな期待がもたれています．

　訪問リハビリテーションや通所リハビリテーションを通じた地域リハビリテーションでは，在宅生活の自立支援とQOL（Quality of Life）の維持・向上を目指すことが重要となりますが，機能障害や活動制限の改善に主な視点を置くのではなく，社会参加を視野に入れることがこれまで以上に求められています．つまり，「心身機能」「活動」「参加」のそれぞれの要素にバランスよく働きかける必要がより強調されているわけです．そのためには，リハビリテーション専門職種である理学療法士，作業療法士，および言語聴覚士が個別に活動するのではなく，お互いに協力し合って，質の高いサービスを提供することが必要となります．

　本書が，理学療法士，作業療法士，および言語聴覚士のチームによって，効果的で効率的な訪問，あるいは通所リハビリテーションが提供できるための一助となり，さらに地域における介護予防の取り組みの強化や発展に寄与できるのであれば編者らの望外の幸せであります．

　最後に，編者のひとりである金子は，若手ながらこれまで2か所の勤務先で訪問リハビリテーションに携わり，2か所目では立ち上げにも従事しました．この時の経験を通じ，これから訪問や通所のリハビリテーションに関わる若手スタッフに対して少しでも役に立ちたいという趣旨から，本企画が誕生したことを付記しておきます．また，金子の妹の茉由さんには，表紙と挿絵のイラストを提供していただきました．これは，実際の場面をできるだけ具体的にイメージできるようにしたいことはもちろん，在宅生活の場でほっとする家庭的な親しみやすさを感じる書にしたいという編者らの想いからです．こちらのいろいろな注文に対

応していただいたことに，この場をお借りしてお礼申し上げます．

　なお，本書の出版にあたっては，編集部の戸田健太郎氏に多大なるご尽力をいただきました．心より謝意を表したいと思います．ありがとうございました．

2015年5月

高橋仁美
金子奈央

目　　次

はじめに………………………………………………………………………………… iii

第1章　訪問・通所リハビリテーションの実践の前に

1. 訪問・通所リハビリテーション目標……………………………（高橋 仁美）　2
2. コミュニケーションのとり方……………………………………（高橋 仁美）　6
3. 介助・介護指導の基本的な考え方………………………………（高橋 仁美）　8
    第1章 参考文献……………………………………………………………………　9

第2章　日常生活場面でのリハビリテーションの実際

1. 寝返り………………………………………………………………（金子 奈央）　12
2. 起き上がり…………………………………………………………（金子 奈央）　14
3. 座位保持……………………………………………………………（金子 奈央）　17
4. 立ち上がり…………………………………………………………（金子 奈央）　22
5. 移　乗………………………………………………………………（金子 奈央）　26
6. 歩　行………………………………………………………………（金子 奈央）　29
7. 食　事………………………………………………………………（宮田 信悦）　34
8. トイレ………………………………………………………………（宮田 信悦）　37
9. 入　浴………………………………………………………………（宮田 信悦）　40
10. 更　衣………………………………………………………………（宮田 信悦）　43
11. 整　容………………………………………………………………（宮田 信悦）　46
12. 家　事………………………………………………………………（宮田 信悦）　48
13. 外　出………………………………………………………………（金子 奈央）　51
    第2章 参考文献……………………………………………………………………　54

第3章　訪問・通所リハビリテーションに必要な技術と指導

1. 吸　引………………………………………………………………（高橋 仁美）　58
2. 口腔のケア……………………………………（金森 大輔，伊藤 友倫子，藤井 航）　62
3. 摂食嚥下………………………………………………（金森 大輔，加賀谷 斉）　66
4. 褥瘡予防……………………………………………………………（髙見 彰淑）　71
5. 自主トレーニング…………………………………………………（高橋 仁美）　75
    第3章 参考文献……………………………………………………………………　83

第4章　訪問・通所リハビリテーションに必要な知識

1. 気管カニューレ管理 ………………………………………（長濱 あかし）86
2. 在宅酸素療法 ………………………………………………（長濱 あかし）89
3. 在宅人工呼吸療法 …………………………………………（長濱 あかし）91
4. 経管栄養 ……………………………………………………（長濱 あかし）94
5. 膀胱内留置カテーテル管理 ………………………………（長濱 あかし）97
6. 水分補給（脱水症・熱中症）……………………………（長濱 あかし）99
7. 認知症 ………………………………………………………（ジョーンズ 佳子）102
8. 看取り ………………………………………………………（長濱 あかし）107
　　第4章 参考文献 ……………………………………………………………… 109

第5章　リスク管理

1. 血圧（主に高血圧）………………………………………（髙見 彰淑）112
2. 糖尿病 ………………………………………………………（髙見 彰淑）114
3. 心疾患 ………………………………………………………（髙見 彰淑）116
4. 呼吸器 ………………………………………………………（川越 厚良）118
5. 骨粗鬆症 ……………………………………………………（川越 厚良）122
6. 末期がん ……………………………………………………（川越 厚良）125
7. 疼　痛 ………………………………………………………（金子 奈央）128
　　第5章 参考文献 ……………………………………………………………… 130

第6章　緊急時対応

1. 緊急時対応 …………………………………………………（ジョーンズ 佳子）134
2. 緊急時対応の実際 …………………………………………（ジョーンズ 佳子）136
　　第6章 参考文献 ……………………………………………………………… 144

索　引 ………………………………………………………………………………… 145

【コラム：簡単に作れる自助具紹介!!】
　ループ付きタオル …………………………………………（金子 奈央）56
　ドライヤーホルダー ………………………………………（金子 奈央）110
　湿布貼り ……………………………………………………（金子 奈央）132

第1章

訪問・通所リハビリテーションの実践の前に

1. 訪問・通所リハビリテーション目標
2. コミュニケーションのとり方
3. 介助・介護指導の基本的な考え方

 # 訪問・通所リハビリテーション目標

（1）地域包括ケアシステムにおける訪問・通所リハビリテーション

団塊の世代が20歳であった1970年の人口ピラミッドをみると，65歳以上の高齢者1人を10人で支えていたが（**図1-1**），2025年はこれまで社会を支えていた団塊の世代が75歳以上の後期高齢期を迎え，65歳以上の高齢者1人を1.8人で支えなければならないことが予想されている（**図1-2**）．こうした背景から，医療・介護・保健等の社会保障を見直すための取り組みとして

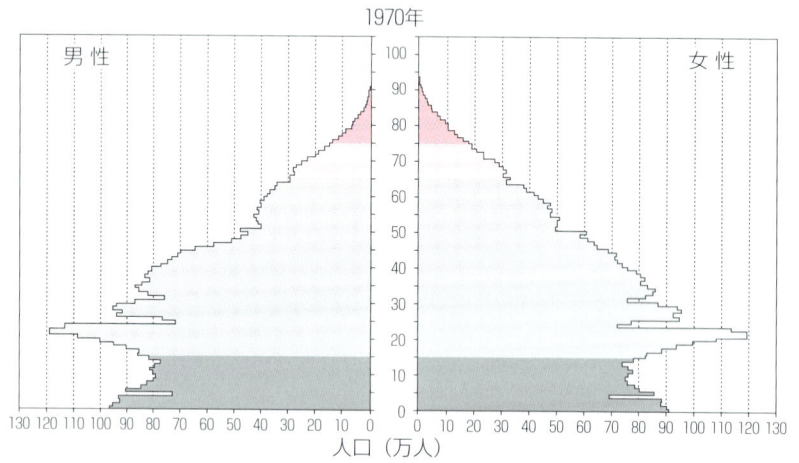

[図1-1] 1970年の人口ピラミッド
〔国立社会保障・人口問題研究所ホームページ[1]〕
団塊の世代が20歳の時代で，65歳以上の高齢者1人を10人（20～64歳）の人が支えていた．

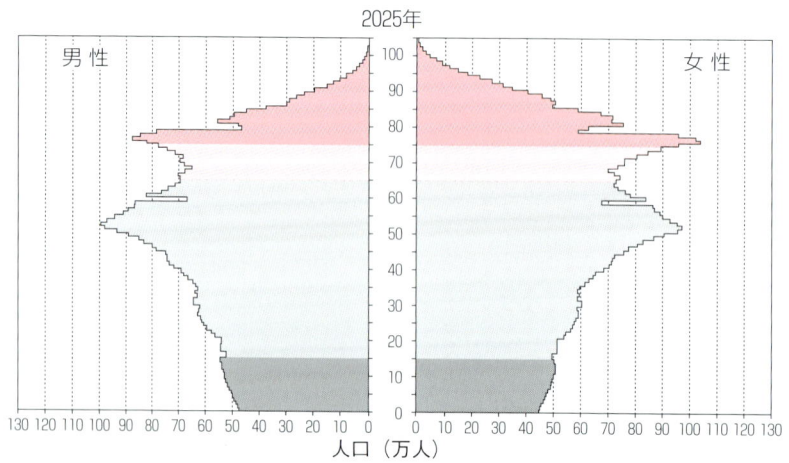

[図1-2] 2025年の人口ピラミッド
〔国立社会保障・人口問題研究所ホームページ[1]〕
団塊の世代が後期高齢者となり，65歳以上の高齢者1人を1.8人（20～64歳）で支えると予想されている．

地域包括ケアシステムの構築が叫ばれている．高齢者の尊厳の保持と自立生活の支援の目的のもとで，可能な限り住み慣れた地域で，自分らしい暮らしを人生の最期まで続けることができるよう，地域の包括的な支援・サービス提供体制を構築しようとするものである．このシステムの中で，在宅生活の自立支援とQOL（Quality of Life）の維持・向上を目指すサービスとして，訪問リハビリや通所リハビリには大きな期待が持たれている．

（2）国際生活機能分類（ICF）と生活期のリハビリテーション

障害者や高齢者が活動性を高め，自立した在宅生活を送り，さらに生きがいづくりや社会参加をしていくためには，生活期のリハビリが必要となる．これの基本的な考え方となっているのは，2001年に世界保健機関（WHO）が策定した国際生活機能分類（ICF）の生活機能モデルである**(図1-3)**．このICFの理念に基づいて，特に「活動」と「参加」に焦点を当てて，生活期のリハビリである訪問・通所リハビリを実践していくことが大切となる．

生活機能とは，人が生きていくために必要な機能で，体の働きや精神の働きである「心身機能」，ADL・IADL・職業能力・歩行能力といった生活行為全般である「活動」，家庭や社会生活で役割を果たすことである「参加」の3つの要素から構成される．生活期のリハビリでは，これらの機能全般の向上が目的とされ，対象者本人が望んでいる生活を支え，自立を支援することが求められている**(図1-4)**．

ICFの生活機能モデルからは，機能障害は活動制限や参加制約につながるだけでなく，参加制約が活動制限から機能障害に結びつくという，双方向の関係を読み取ることができる．よって，我々は「心身機能・構造」の改善のみを目指すのではなく，「活動」と「参加」を含めた包括的な「生活機能」全体の向上を目的にバランスよく働きかけなければならない．特に実用的な「活動」の向上と，役割や居場所といった環境調整に関わる「参加」の改善にはこれまで以上の支援が必要とされる．こうしたバランスの良い働きかけによって，要支援者であっても

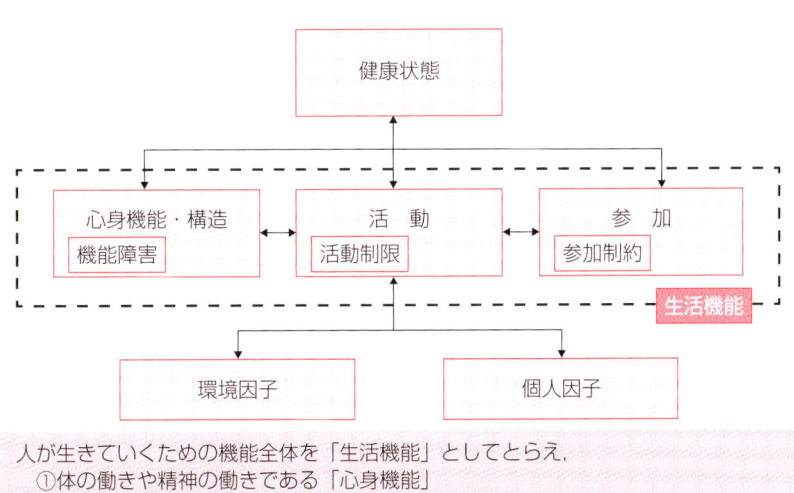

〔厚生労働省，2013[2]〕

[図1-3] 国際生活機能分類（ICF）

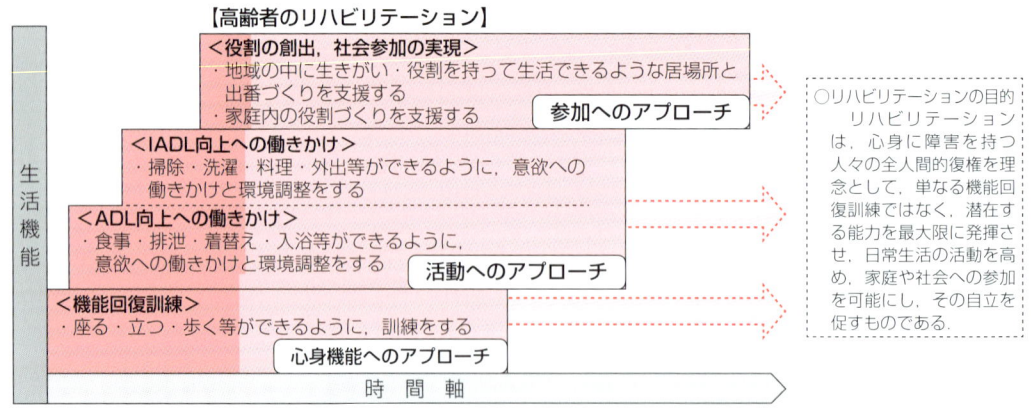

[図1-4] 活動と参加に焦点を当てたリハビリテーションの推進

〔厚生労働省，2015[3]〕

自立した生活を送ることはもちろん，重度な要介護者となっても住み慣れた地域で自分らしい人生を続けることが可能となる．

介護予防の考え方からも，高齢者が要介護状態になることや要介護状態にあっても介護度の重度化を防止することが目的とされるが，特に生活機能が低下している高齢者や障害者に対しては，運動機能や栄養状態だけに着目するのではなく，生活活動の向上や社会への参加を促進することが大切となる．つまり，要介護状態または要支援状態の改善や悪化防止を目指すだけではなく，対象者が生きがいと役割を持って生活できることが重要な目標となる．

これは認知症高齢者においても同様であり，生活機能の向上に焦点を当てたリハビリの取り組みが必要である．見当識や記憶などの認知機能の状態に合わせて，手続き記憶などの残存能力を活かして，生活行為全般である「活動」や家庭や社会生活での「参加」を促すために実際の場面に即したリハビリが提供されなければならない．認知症に対しては作業療法士と言語聴覚士が担当として関わることが多いが，理学療法士も早期から専門的な立場で自宅などの実際の場面で具体的に指導し，家庭や社会生活での生きがいや役割の獲得を目指して実践していくことが求められる．

（3）多職種による連携・協働によって行われる一体的なマネジメント

訪問や通所リハビリでは，本人の実際の日常生活をイメージした個別的な対応が重視される．対象者一人一人の生きがいや自己実現のための取り組みを支援し，QOLの向上を目指した適切な目標設定が必要である．目標設定では，対象者本人の持つ残存能力と今後の可能性を「心身機能」「活動」「参加」の状態から評価することはもちろん，本人と家族のニーズや意向に基づいていることが大切である．

設定された目標の達成には，急性期から回復期，生活期で通所と訪問の目標を共有しながら，多職種による連携・協働によって行われる一体的なマネジメントが重要となる．マネジメントとは，単に「管理」だけを意味するのみではなく，効果を最大限に引き出すことが要求される．訪問や通所リハビリによるサービスを担う専門職やその家族が連携・協働してマネジメントを行うことによって，継続的に「サービスの質の管理」をしていくことが可能となる．

生活行為の改善のためのマネジメントでは，個別性を重視し，本人が生き生きとした活動的な生活を送るために"したい"ことを聴取するなどして，その生活行為を再び行えるように支援し，活動と参加に焦点を当てることが大切と

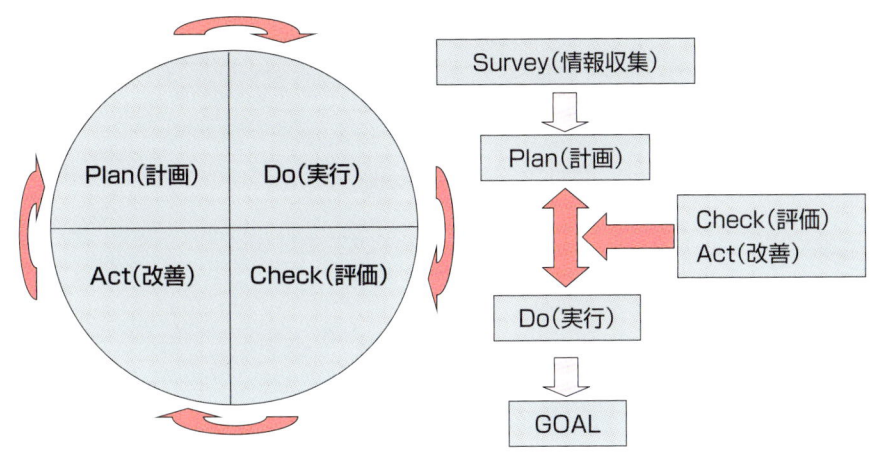

[図1-5] PDCAサイクル
Plan(計画)とDo(実行)にはCheck(評価)とAct(改善)が必要で,これらが繰り返されることで高い成果を得ることができる.

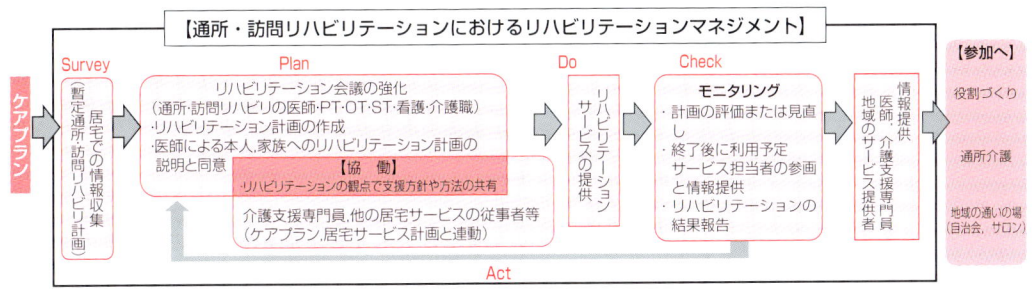

〔厚生労働省, 2015[3]〕

[図1-6] PDCAサイクルによる通所・訪問リハビリテーションの質の管理

なる.作業療法士はADLやIADLから生活環境を専門領域としているため,生活行為のマネジメントは得意な分野と考えられるが,理学療法士や言語聴覚士も同様の活躍が期待される.

多職種による連携・協働に基づいたPDCAサイクル(Plan-Do-Check-Act cycle)は,リハビリのプロセスマネジメントを円滑に進める手法として応用できる.Plan(計画)→ Do(実行)→ Check(評価)→ Act(改善)の4段階を繰り返すことによって,Survey(情報収集)からGOALまでのリハビリの提供を継続的に改善することが可能となる(図1-5).Survey(情報収集)では,ニーズの把握とともに,心身機能・活動・参加のバランスのとれたアセスメントが行われ,Plan(計画)では何を目標に何を行っていくかの計画書の作成や,介護専門指導員や訪問介護などの他の居宅サービス提供者など多職種間および関連機関の連携・協働によるカンファレンスが実施され,Do(実行)では計画に従った通所・訪問リハビリが提供される.そして,Check(評価)ではアセスメントやプロセス確認などが行われモニタリングされてAct(改善)に結びつき,PDCAサイクルによって質が管理されていくことになる(図1-6).

(高橋　仁美)

2. コミュニケーションのとり方

（1）問題点の把握のために

　対象者の生活機能の問題点を把握するにはコミュニケーション能力が必要となる．対象者や家族と話すことによって，個人情報を収集することができることはもちろん，生活機能の問題点を把握することが可能となる．問題点の把握には，フォーマットの決まった評価用紙を埋めていくことに終始してはならない．大切なことは傾聴することである．対象者自らが話し出す内容から問題点が得られると考えた方が良い．

　実際には，「こちらが質問して対象者が回答する」，再び「こちらが質問して対象者が回答する」と事情聴取のように連続して行うのではなく，一連の話の中で要点のみを聞き出すように進めるようにすると良い．経験の浅い理学療法士や作業療法士などは，緊張した状況の中で，用意している質問事項をすべて聞き込み，評価を完成させなければならないという意識が働くこともあるようである．コミュニケーションは，対象者との信頼関係が形成されて成り立つことを認識する必要がある．対象者の訴える言葉をそのまま活かして聞き入れ，訴える言葉そのものを大切にすることが重要である．そうすることによって，対象者にとって何が真の問題になるのかが想像できるようになり，問題点そのものも浮かび上がってくるようになる．

　あえてテクニカル的なことを言えば，「はい」「いいえ」と答えられるような内容の質問や誘導尋問をしないようにして，対象者が自分の訴えを自由に話せるように配慮するのが良い．「自分の話に耳を傾け，真剣に聴いてくれている」と対象者に感じさせるようにする．対象者の訴えがそのまま聴けて，傾聴できるようになることが大切である．また，コミュニケーションをとっているときには，対象者の顔の表情や全身の様子も観察して，意識状態，精神状態，栄養状態，衛生状態，日常生活活動の制限の状態なども把握するようにすると良い．

（2）傾聴について

　コミュニケーションをとる際には，対象者の訴えを理解し，考えを支持し，共感的に接する態度で傾聴することが大切である．傾聴とは肯定的関心を持って耳を傾けて聴き続けることであり，相手の話をさえぎったり，新たな質問をしたりしない．対象者の話に興味を持って聴き，否定，批判，反論をしないで，ありのままを受け入れるようにする．そうすることで対象者に満足と安心感を与えることができる．

　「それでどうなりましたか？」などと話をうながすと，対象者が続けて話しやすくなる．「なるほど」「そうですか」などとあいづちを入れることもうながしになる．「わかりました」は話をさえぎり，その話を終わりにするような意味であるので，場合によっては避けた方が良い．対象者の話の中で大事な言葉をこちらが繰り返すことも理解の度合いを伝えるのに効果的である．また，「今までのお話をまとめさせていただきます．もし，間違っていることなどがあったら教えてくれますか」などと前置きをしてから要約すると，安心感や信頼感にもつながってくる．

　また，こちらから話しかける際には，近づいてから話しかける，目の高さで話しかける，落ち着いた声でゆっくり話す，わかりやすい言葉を使う，言葉のトーンをやさしくする，表情を確認しながら話すなどのことにも配慮すると良い．

(3) セラピストの心得

　理学療法士や作業療法士などには，コミュニケーションを通じて対象者から必要な情報を引き出す能力と十分な知識が要求される．また同時に，人間的な温かみや安心感を与えられる品性も備えておく必要がある．対象者からはプライバシーの絡む問題まで聴くわけなので，セラピストは対象者に信頼される人間でなければならない．コミュニケーションは，対象者との最初の出会いから始まり，この出会いの機会が信頼関係を築く第一歩にもなる．また当たり前のことであるが，対象者には，挨拶をちゃんとすること，わかりやすい言葉を使うこと，親切な態度で接することなど，社会人としての立ち振る舞いを身に付けておくことは言うまでもない．

〔高橋　仁美〕

3. 介助・介護指導の基本的な考え方

（1）閉じこもりについて

　高齢者は日常の動作が不自由になってくると，精神的にも弱気になり，「自分でする」という意欲も低下しやすくなる．さらに介助や介護が必要になってくると，これまでしていた趣味活動をあきらめたりすることも出てくる．そうしたことで閉じこもりとなり，残存機能を使わなくなって廃用症候群が作られることになる．

　日常生活に不自由であっても，閉じこもりを防止することは，対象者本人の楽しみや意欲の向上，そして自立支援につながるので，外出して社会的な交流を持たせることは非常に重要である．また，その人らしさを引き出すためにも閉じこもりへの対策が大切である．閉じこもりがちになったら，原因を見極めて解消することが必要となる．例えば歩行が困難なのであれば介助して外出させる．玄関の段差に問題があるのであれば段差を解消する．意欲の低下がみられるのであればこれまで行っていた趣味や興味があった娯楽を勧めて外出を促す，などの改善策が考えられる．

　外出は習慣化することが大切となる．週1～2回の外出から，できれば週3～4回を目標にしたい．趣味のグループ活動に参加する，ボランティア活動に参加する，映画鑑賞に行く，買い物に行く，などできるだけ外出の頻度を増やし，スケジュール化するなどの工夫が大切となる．こうして外出を習慣化することによって，閉じこもりを予防することとなり，さらにはQOLの維持・向上につながっていく．

（2）残存機能を活かす介助・介護

　介助や介護が必要な場合は，できるだけ本人の能力を生かした方法で行うことが重要である．「自分でする」という目標を持たせることで本人の意欲が高まる．また，「自分でできた」という達成感は，たとえ部分的であっても本人の自信や満足感となり，さらなる意欲の向上にもつながる．

　介助・介護は，本人の残存機能を最大限に活かすことが必要である．例えばオムツをしている人の場合には，「陰部清拭」と「オムツ交換」が必要という全介助な介護を思い浮かべるのではなく，オムツは外すことはできないのか？とまず「オムツはずし」を考えられるようになることが大切だと考える．こうした，少しでも自立に向けた自立支援の介助・介護の考え方は，QOLの向上にもつながることになる．

　動作介助においても，対象者が自立して行えることを目標にして，介助の量は最小限にして残存機能の活用することが必要である．介助の仕方としては，「そばにいる」「目を離さない」「本当に必要なこと以外は手を出さない」といった方法である．実際の動作介助時には，「自分でできることは自分でやってもらう」「介助は必要最小限にする」「部分的であってもできたことを褒める」「自分でできることを増やしていく」「楽しんでできることを見つける」などのことを実践すると良い．このように本人の能力を見極めて残存機能を活用し，必要最小限の支援をすることが，廃用症候群の予防はもちろん，本人の能力低下を防止し，能力の維持・改善や自立した生活活動へと結びついていく．

（3）自立支援について

　自立とは，身体面だけでなく精神的・社会的な側面も含めた，生活機能全般から成り立つ．よって自立支援においてはICFの視点が重要となる．ICFにおける自立支援の考え方では，対象者自身が実現しようとする目標について自らが主体的に取り組めるようにサポートすることが大切となる．家族や専門家などの判断のみで一方的に介護サービスを提供することは自立支援とはいえない．よって，たとえ寝たきりの状態であっても，自らの意思で介護サービスを選択して介助や介護を受けて生活することは，自立しているといえるのである．友達に会いに車椅子で外出ができ，地域のふれあいサロンに参加するなどして自ら生活を楽しむことができれば，それは自立した生活である．「自己選択」と「自己決定」を促し，本人の意思を尊重することは，自立支援の基本と考える．

　ADL動作に介助が必要な重度の障害を持った高齢者が，自己決定に基づいた自立した生活を送るためには，当然ながら介助や介護が必要となる．対象者が自らの意志で必要な介助や介護を選択する自己決定権は重要な自立要件である．重度な障害を持った高齢者は，生活の活動制限や社会の参加制約を受けるわけだが，「介助を受ける権利」「介護を受ける権利」を保障することは，自立支援の本質であるともいえるのではなかろうか．

（高橋　仁美）

●●第1章　参考文献●●

1) 国立社会保障・人口問題研究所ホームページ（http://www.ipss.go.jp/）〔2015年4月28日最終確認〕
2) 厚生労働省：介護予防の推進について，p146，2013．（http://www.mhlw.go.jp/topics/2014/01/dl/tp0120-09-11d.pdf）〔2015年4月28日最終確認〕
3) 厚生労働省：平成27年度介護報酬改定の概要（案）骨子版．第119回社保審介護給付費分科会資料1-2，p7，2015．（http://www.mhlw.go.jp/file/05-Shingikai-12601000-Seisakutoukatsukan-Sanjikanshitsu_Shakaihoshoutantou/0000073610.pdf）〔2015年4月28日最終確認〕
4) 高橋仁美：2章 実践で役立つ医療面接（問診）の仕方．玉木彰，高橋仁美（編），今日からなれる！"評価"の達人（リハビリテーション・ポケットナビ），pp5-11，中山書店，2015．

第2章

日常生活場面でのリハビリテーションの実際

1. 寝返り
2. 起き上がり
3. 座位保持
4. 立ち上がり
5. 移乗
6. 歩行
7. 食事
8. トイレ
9. 入浴
10. 更衣
11. 整容
12. 家事
13. 外出

1. 寝返り

(1) 寝返り動作の意義

　寝返り動作は，その後の起き上がり動作や立ち上がり動作などに向けて離床のきっかけとなる重要な動作である．寝返りを行うことができると，更衣や清拭，オムツ交換時の介助量が軽減するだけでなく，褥瘡発生予防や離床にもつながる．寝返りができない人には主体的な寝返りができるように，動作練習や手すり設置などの環境整備を行い積極的な関わりをしていく必要がある．

(2) 寝返り動作の方法

　健常者が背臥位から側臥位への寝返り動作を行う方法は，頭部を先に回旋させる場合と下肢を先に回旋させる場合に大別され，さらに，寝返る方向に上肢を伸ばしたり，膝を屈曲させ足底で床面を押すようにして寝返るなどのさまざまな方法がある[1]．寝返りが困難な場合でも，寝返り方法の変更や，マットの硬さ・ベッド柵の有無などの環境を変えることによって自分で行えるようになることもある．

　頭部を先に回旋させる場合には，頭部を屈曲させ肩甲骨を床から離すように持ち上げる．そうすることで骨盤，体幹が回旋し，体幹の立ち直り反応によるメカニズムを利用して，側臥位をとることができる．脳卒中患者などでは，この体幹の立ち直り反応が障害され，しばしば寝返りが困難となる[2]．そのような場合は，健側下肢を患側下肢の下に入れ，両手を組み上肢を振り下ろす反動で寝返る．

　下肢を先に回旋させる場合には，寝返る側とは反対側の下肢を寝返る方向に挙上，回旋させ，それにより骨盤，体幹の回旋が起こり寝返ることができる．

　どのような場合においても，寝返り動作には骨盤・体幹の回旋が生じ，骨盤・体幹を回旋させる腹筋群の筋力と脊椎の可動性が重要となる．神経麻痺や関節可動域制限，筋力低下などにより骨盤・体幹の回旋ができない場合には，上肢や下肢の筋力で代償することもある．

(3) 寝返り動作のポイント

　上肢を寝返る方向へ伸ばしたり下肢を寝返る方向へ挙上・回旋させたりするため，寝返る側にスペースが十分確保されている方が寝返りやすい．寝返る前に，体を寝返る側とは反対側へずらし，寝返るためのスペースを確保する（図2-1）．

(4) 環境設定

　ベッド柵の使用，枕やマットレスの柔らかさ，枕の利用やシーツ類の素材など，環境が寝返り動作のしやすさに与える影響は大きい．ベッド柵を使用すれば寝返り動作ができない対象者でも少ない筋活動量で寝返りができるようになる場合もある．褥瘡予防のために使用されるエアマットなど，ベッドのマットレスが柔らかすぎる場合には，身体がマットレスに沈みこんでしまうため寝返りがしにくい．自分で寝返りができる場合には，エアマットから身体能力に合わせたマットレスに変更することも必要である．枕も柔らかすぎて頭部が沈みこむ場合は寝返りがしにくい．個人に合わせて高さや柔らかさを調整する必要がある．

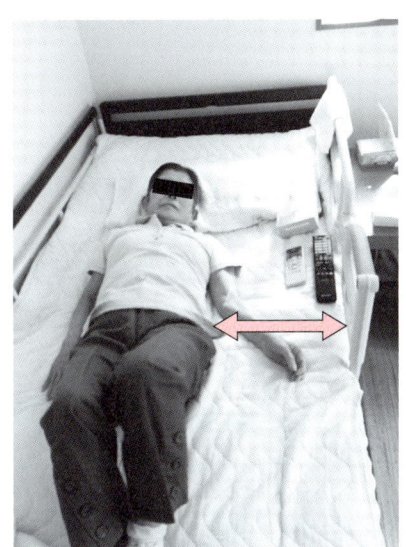 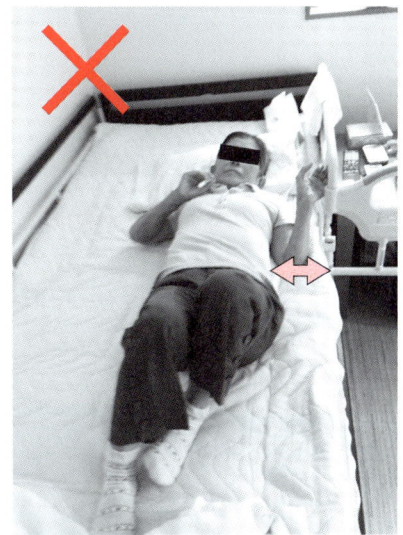

[図2-1] 寝返りのスペース
右図は，寝返るためのスペースが十分に確保できていない悪い例である．

　排泄物からの汚染防止のために，防水シーツやバスタオルが使用される場合があるが，素材によっては身体が滑りやすい物，滑りにくい物があり，寝返り動作に与える影響は大きい．バスタオルは身体との摩擦が大きく，ベッドの上で動きづらいため寝返りがしにくい．摩擦の少ないシーツへの変更が必要である．

　介護保険のサービスで電動ベッドをレンタルすることが多くあるが，もともと所有していたベッドを使用する場合には，差し込み式の手すりを利用すると良い（**図2-2**）．このように，寝返りしやすい環境を整えることは重要である．

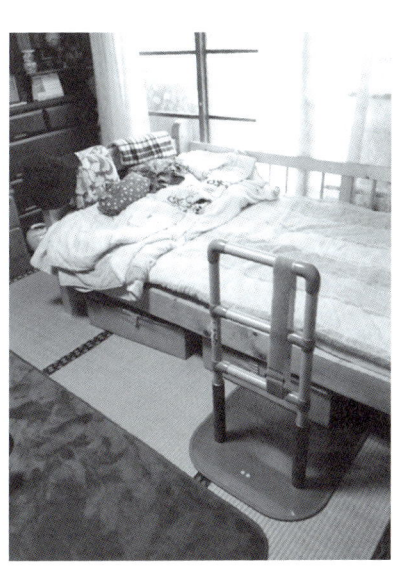

[図2-2] 床置き式手すり

(5) 注意事項

　片麻痺の人は側臥位をとることで肩関節や股関節に疼痛が生じることがあるので，健側への寝返りを原則とする．褥瘡がある場合には寝返る方向に配慮する．

（金子　奈央）

2. 起き上がり

(1) 起き上がり動作の意義

起き上がり動作は，体の垂直軸や重力位を体験し身体の空間認知能力を向上させる重要な動作である．起き上がりによって頭部を心臓より上に保つことができるので，急な起き上がり時の起立性低血圧などの発生を予防できる．起き上がり動作では腹筋や腕の力が必要となり，介護度が高い人には難しい動作のため，繰り返し練習する必要がある．起き上がり動作は離床に向けての重要な動作であるが，筋力やこつが必要となるため，起き上がり動作を苦手とする対象者は多い．

(2) 起き上がり動作の方法・ポイント

起き上がり動作では，①十分なスペースを確保する，②脇を開く，③足を降ろす，の3点がポイントとなる．十分なスペースとは，on elbowからon handになる際に，手の位置がベッドの端から出ないようなスペースとなる．しかし，足はベッドから降ろした方が，てこの原理を使用して起き上がりやすいため，上体は十分なスペースを確保するのに対し下肢はベッド端に近付ける方が良い．

また，起き上がる際にベッド柵を"引っ張る"起き上がり方法より，on elbow, on handを利用した"押す"方法を用いる方が効率が良い[3]．

どうしても起き上がることができない場合は，電動ベッドの背上げ機能を利用すると，重心の位置が高くなることで，動作が楽に行えるようになる．

a) on elbow, on handを可能にするポイント

上側の前方突出された肩が下側の肩を越えるところまで体幹を回旋させ，下側の肘に体重を乗せる．上側上肢の回転運動と，肘関節をテコの支点とした上腕と体幹の回転運動を利用する．下側の上肢で体重を支持するため，下側の肩甲帯の安定性が必要となる（図2-3）．頭部の動きは，on handで床面に接地する手の方向へ移動させることで，on elbowからon handへとスムーズに移行しやすい[4]．

b) 別法：四つ這いからの起き上がり

起き上がったりベッドに戻る際に，足の踏み替えや体幹の回旋が苦手で，四つ這い位をとる場合もある（図2-4, 5）．一般的な，立位→着座→on hand→on elbowでのベッドへ上がる方法ができなくても，他の方法で行えているのであれば，無理に方法を変える必要がない場合もある．

(3) 環境設定（背上げ機能の利用）

起き上がりが難しい場合は，背上げ機能を利用すると楽に起き上がることができる．寝返りができず側臥位をとることができない場合には，ベッドの背上げ機能を利用して，寝返りをせずそのまま起き上がり座位となることもある．完全に背上げをすればわずかな動きだけで簡単に端座位がとれる（図2-6）．

（金子　奈央）

第 2 章 日常生活場面でのリハビリテーションの実際　15

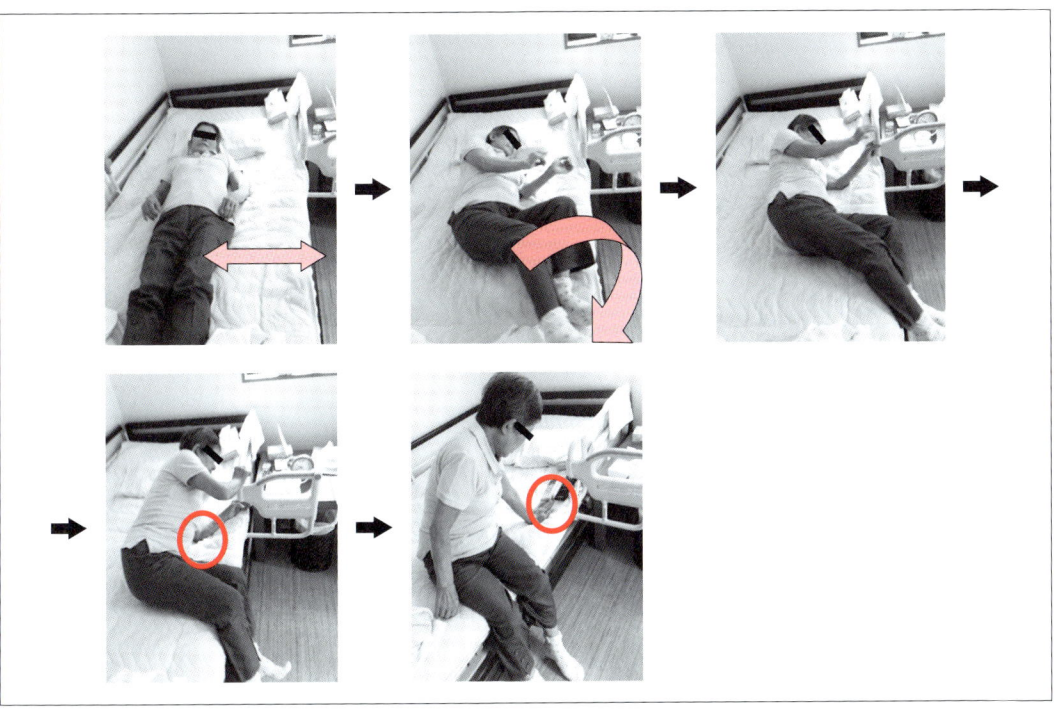

［図2-3］on elbow / on hand の実際例

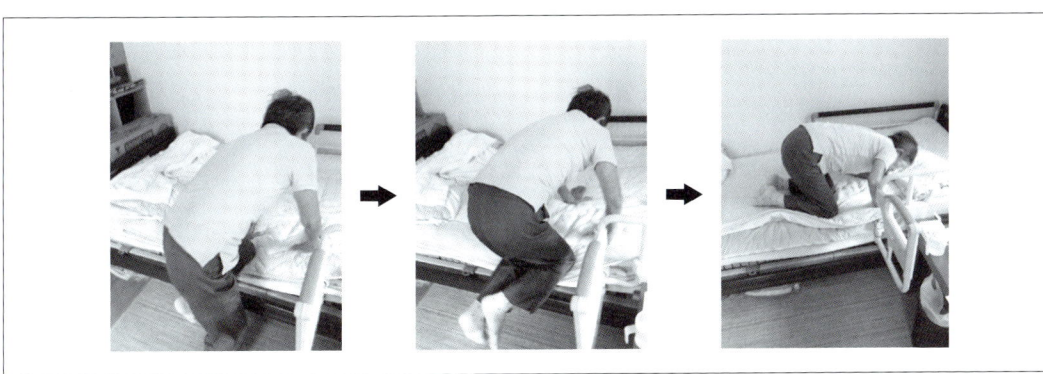

［図2-4］立位から四つ這い位へ

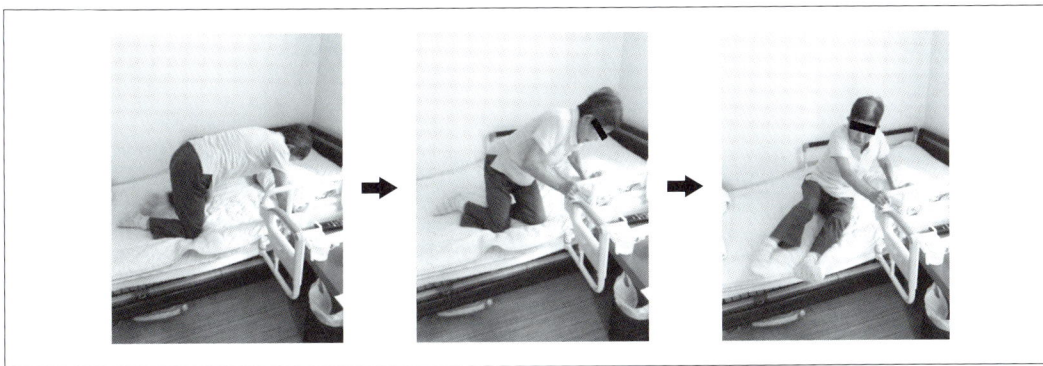

［図2-5］四つ這い位からの起き上がり

16　2．起き上がり

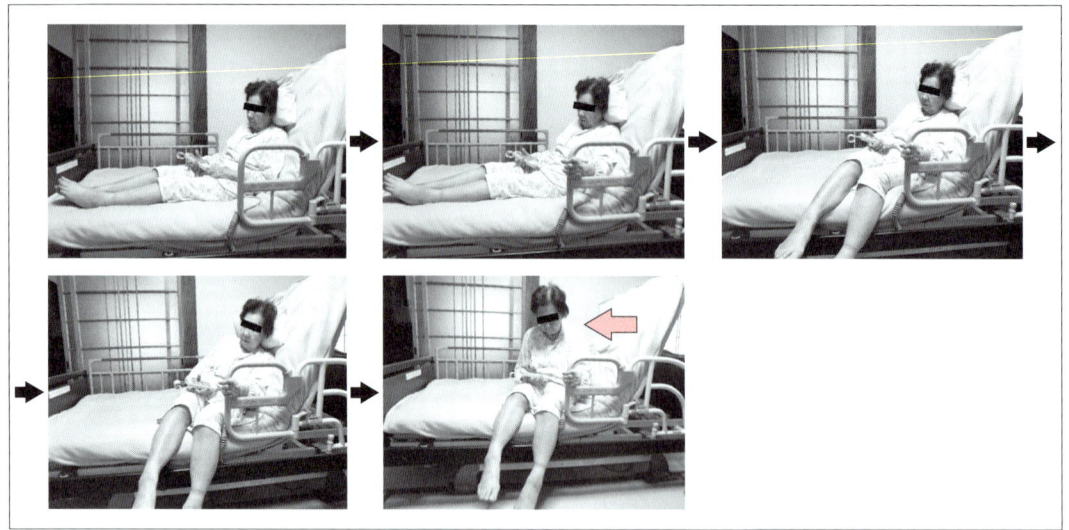

［図2-6］背上げ機能を利用した起き上がり

3. 座位保持

(1) 座位の意義

めまいや重篤な疾患がない限り、なるべく座位での生活を心がける。座位姿勢をとることで、筋力低下や認知症の予防、無気肺や誤嚥性肺炎、起立性低血圧の予防など、心肺機能低下を防ぐことが期待される[5]。臥位から座位になることで視界が広がり活動性が向上する。座位は行動の出発点であり、立位・歩行につながる重要な動作である。

(2) 座位の効果

座位をとることで脊柱起立筋や腹直筋などの抗重力筋（図2-7）が働き、寝たり起きたりする際にもこれらの筋を使用することで筋力低下の予防につながる。

呼吸機能に与える影響としては、臥位から座位になることで、背側胸郭の圧迫を受けることがなく、腹部内臓器が下降し横隔膜への抵抗が減少することで肺活量が増大する。これらのことから無気肺・肺炎の予防など長期臥床による呼吸器合併症の予防につながる。

(3) 座位での注意事項

このように、座位をとることによる利点は多くあるが、長時間座位による弊害や不良座位姿勢をとることによる弊害も知る必要がある。

一般的に高齢者では、筋ポンプ作用の低下がみられ、長時間座位により下肢の静脈還流障害を生じやすい。血流の停滞は、浮腫や深部静脈血栓症を引き起こすことにつながる。座位を長時間とる場合には、下肢の運動を心がける。また、家族は"座りきり"にさせないよう、休憩を挟むように配慮する。

筋力低下や拘縮などにより自力で姿勢を変えることができない高齢者において、殿部が前方へずれた"仙骨座り"や左右に身体が傾いた姿勢など、不良姿勢をとる場合が多くみられる[5]（図2-8）。このような不良姿勢では、疼痛や褥瘡、誤嚥、深呼吸が制限されることによる呼吸器疾患など、さまざまな弊害が起きる。対処法としては、クッションやタオルを利用したポジショニングやシーティングを行い、良い座位姿勢をとるようにする。良い座位姿勢では、頸部や上肢、骨盤や下肢の自由度が高く、機能性も向上し、座位での活動が増える（表2-1）。

安定した座位姿勢のためには、①安定した支持面で姿勢変化に対応できる、②自分で動き圧の分散ができる、③体幹を前傾させたり骨盤の運動性が高い、④背もたれや肘置きがある、⑤頸部や上肢が動かしやすい、などの要件が必要となる。

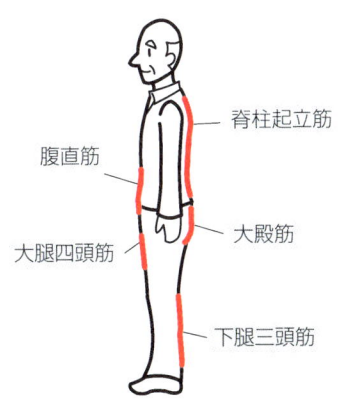

[図2-7] 抗重力筋

【仙骨座りの原因】
・体幹や四肢の筋力低下
・平衡機能の低下
・疼痛からの逃避
・ハムストリングスの短縮
・股関節や脊椎に関節拘縮や関節可動域制限
・座面の奥行が長い
・座面の奥に座っておらず，浅く座っている
・クッションが合っていない（ビーズクッションや円座）
・車椅子を足で走行している

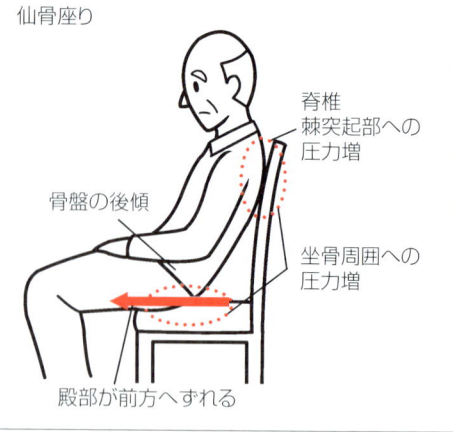

[図2-8] 仙骨座り

[表2-1] 良い座位姿勢の条件と悪い座位姿勢の条件

良い座位姿勢の条件	悪い座位姿勢の条件
座位が安定している	痛みなどの苦痛を訴える
自分で動きたいように動ける	すぐに「戻して」とベッドに戻りたがる
上肢が使いやすい	上肢が使いにくい
全身がリラックスしている	必要以上に筋緊張が亢進している
呼吸状態が落ち着いている	頻呼吸や浅い呼吸がみられる
咀嚼・嚥下がしやすい	誤嚥しやすい
褥瘡ができにくい	褥瘡ができやすい
脊柱変形を予防する	脊柱変形を起こす
足底が接地している	座面が高く足底が接地できない
圧が一点に集中しておらず，圧の分散が可能	圧が一点に集中している

（4）座位の種類とポイント

a）ベッド上座位

過度の関節拘縮や呼吸循環動態の影響，介護力の問題などで端座位や車椅子座位ができない場合には，ベッドの背上げ機能を利用したベッド上座位をとる．筋力が十分にあり座位保持能力がある高齢者では体位変換を自分で行え，ずり落ちても自力で修正することができるが，筋力が低下しており座位保持能力が低下している高齢者においては，背上げ後に，時間が経つと身体が下の方にずり落ちてしまうことがよく見受けられる．ずり落ち姿勢（図2-9）は，疼痛の出現や，横隔膜の動きを制限し呼吸状態にも悪影響を与えてしまう．他にも，ベッドとの摩擦により褥瘡（図2-10）の発生リスクが高まることや誤嚥の危険性が高まるなど二次的な弊害が生じるため，適切なポジショニングが重要となる．

安定したベッド上座位が保持できると，食事の際の誤嚥リスクも低くなり，ベッド上で余暇活動などの作業も行いやすくなる（図2-11）．また，体幹側面や肘置きとしてクッションを入れることで，座位が安定し上肢が使いやすくなることがある（図2-12）．

b）端座位

端座位は背もたれに支えられたベッド上座位から，自分でバランスがとれるように進展した

第2章 日常生活場面でのリハビリテーションの実際

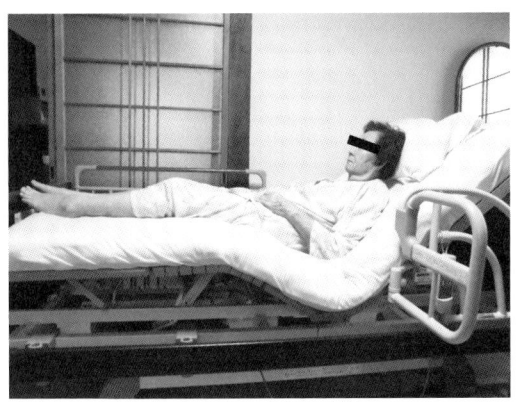

[図2-9] ベッド上座位の悪い姿勢の例

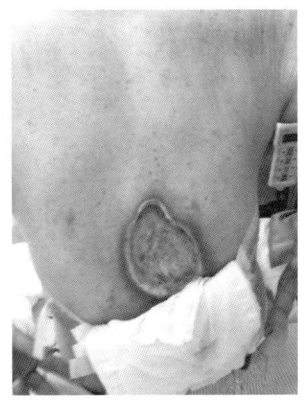

[図2-10] 褥瘡

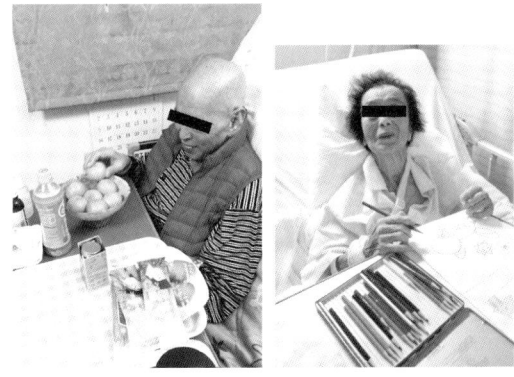

[図2-11] ベッド上での余暇活動

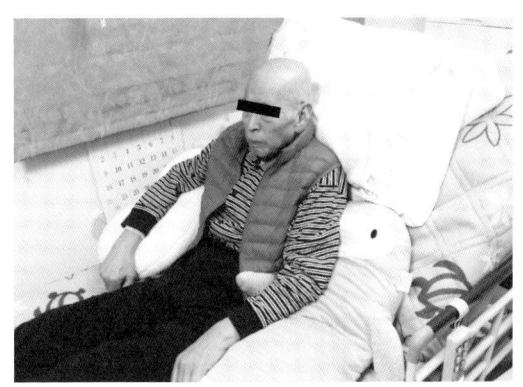

[図2-12] ポジショニングの例

座位で，姿勢調節筋の活動が活発になる．端座位では足部が床面に接地することから，尖足予防にもつながる．

耐久性がないとすぐにバランスを崩したり転倒の危険性が高くなったりすることから，訪問時には座位での静的バランスに加え，リーチ動作などで動的バランスの評価や座位耐久性の評価を行う必要がある．

座位保持ができない場合には，座位保持をサポートする福祉用具もある．背面ユニットは必要な部分（肩甲骨下部，骨盤上部）だけを支持する形状で，福祉用具に頼りすぎずに自分の力で座位を保持できるように設計されている（図2-13）．コロがついたオーバーテーブルなどの使用は，動かないように固定するか，動いても転倒することがない身体機能の場合に用いる．

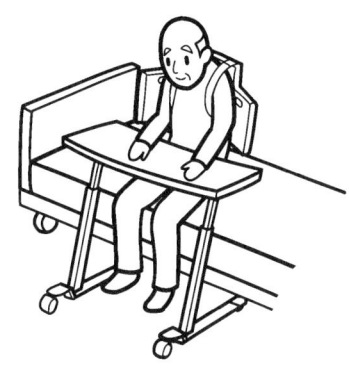

[図2-13] 背面ユニット

c）椅子座位・車椅子座位

背もたれや肘置きがあり，座面は足底がしっかり接地する高さにする．座面が高いと足底が全面接地せず座位が不安定になりやすいが，座面が低すぎると立ち上がりにくくなる（図

2-14)．座面が高く足底が設置しない場合には足台を置くこともあるが，一人で動ける場合には台につまずき転倒することも考えられるため，あくまで一時的な措置である[6]．自力で座位を保てず座位姿勢が崩れる場合には，頸部・体幹がまっすぐで前後左右に傾くことがない安定した姿勢を保持できるように，クッションやタオルを入れるなどポジショニングする（図2-15）．

殿部がずり落ちた仙骨座りは，頸部や腰部，殿部の疼痛，褥瘡の危険性，誤嚥の危険性が高まる．仙骨座りや左右に傾いた姿勢では，体幹が安定しておらず，上肢も使用しにくいことから，食事動作や日常生活動作が困難となる（図2-16）．反対に良い姿勢では上肢が使いやすく作業を行いやすい（図2-17）．

車椅子は移動目的として使用されるものであり，長時間座る椅子としての機能は持たないため，長時間の座位をとる場合には対象者の身体に合った椅子を使用することが望ましい．しか

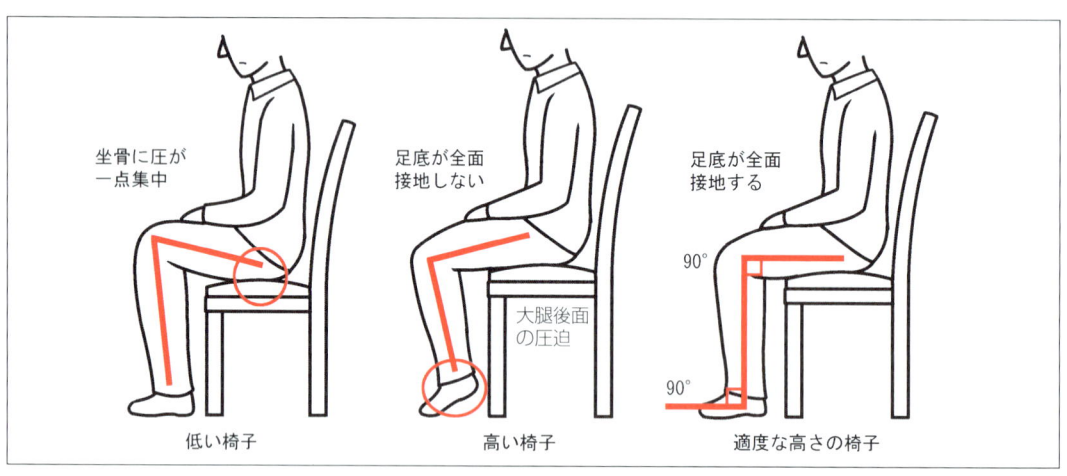

［図2-14］座面の高さ

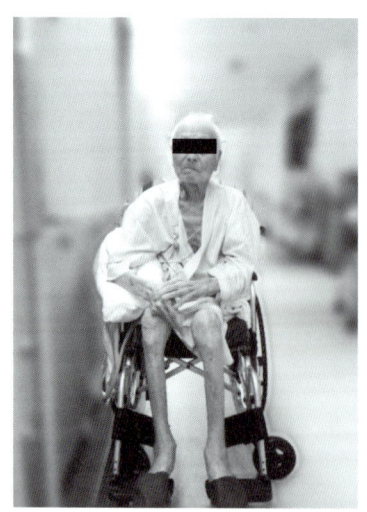 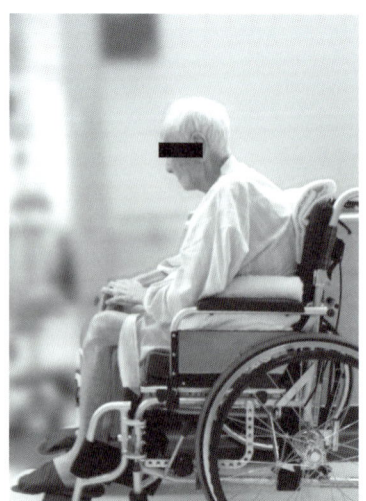

［図2-15］車椅子座位の様子（ポジショニング例）
　全身の拘縮が強く，座位を自力で保持できない場合は，クッションやタオルなどでポジショニングを行う．この対象者はベッド上座位よりも車椅子座位の方が誤嚥のリスクが低くなる．痩せており車椅子が体に合っていないため，左右にクッションやタオルを入れている．誤嚥しにくいように頸部の角度を調整するために背中にもクッションやタオルを入れている．

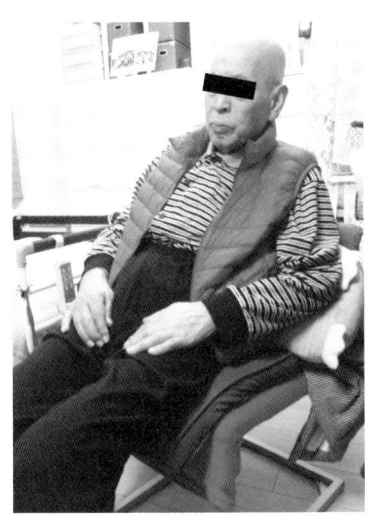 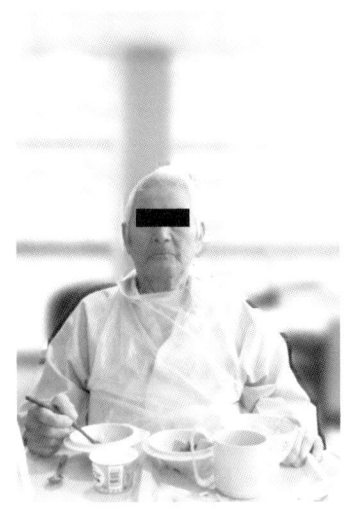 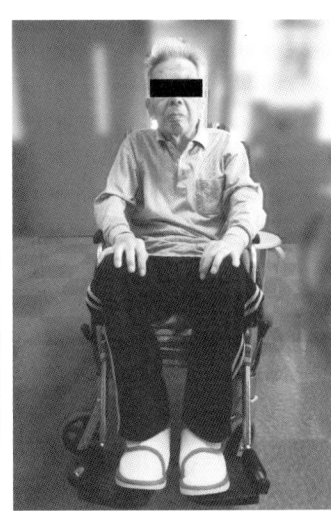

[図2-16] 座位の様子（悪い例）
殿部がずり落ち転倒の危険性が高い．殿部への圧も高くなり褥瘡発生の可能性も高くなる．

[図2-17] 座位の様子（良い例）
左右に傾くこともなく，しっかりと正中位を保持できている．しっかりと安定した座位では，上肢が使いやすく，食事や作業などを行いやすい．

し，外出の際などでやむを得ず長時間車椅子に乗る場合は，身体に合うサイズの車椅子を利用したりクッションを敷いたりするなど考慮する必要がある（**図2-15**）．自宅で車椅子を利用する場合に，廊下の幅などでやむを得ず小さいサイズの車椅子を利用する場合もあるが，介助がメインの場合にはハンドリウムを外して使用することもある．

（金子　奈央）

4. 立ち上がり

(1) 立ち上がり動作の意義

立ち上がり動作は生活を広げるためには非常に重要である．ベッドからの立ち上がりや車椅子への移乗，さらには車椅子からトイレや自動車などへの移乗につなげるために必要な動作となる．立ち上がりができると活動範囲は一気に拡大する．

(2) 立ち上がり動作を構成する要素

立ち上がり動作は，頸と体幹を屈曲させ重心を坐骨から足部へと前方移動する屈曲相と，足部に乗った重心を持ち上げるため頸や体幹を伸展させる伸展相の2相に分けることができる．ただし，屈曲相の終わりをみると，屈曲しているのは体幹下部のみであり，頸や体幹上部などは徐々に伸展してくるので，屈曲・伸展相は重なり合っている．支持基底面と重心の関係は重要で，足部に重心が乗らないと立ち上がることは困難である（図2-18）．

(3) 立ち上がり動作のポイント

立ち上がり動作では，①重心移動，②足の位置，③座面の高さの3つがポイントとなる．立ち上がりが不可能な患者の多くは，体幹の前傾が不十分で前方への重心移動が行えず，立ち上がりの途中で後方に倒れていることが原因の大部分を占める(図2-19)．両足を後ろに引いて，膝よりも顔が前に出るように体幹を屈曲させると良い（図2-20）．また，左右の足の間隔が狭いままでの立ち上がりはバランスを崩しやすいので，支持基底面を広くするため両足を肩幅くらいに開くように指導することも大切である．麻痺や下肢の骨折の既往がある場合には，健側足部を患側より手前に引き立ち上がるのもひとつの方法である[7]．座面の高さは両足底が床につき，殿部が膝よりも少し高い位置になるように設定する．

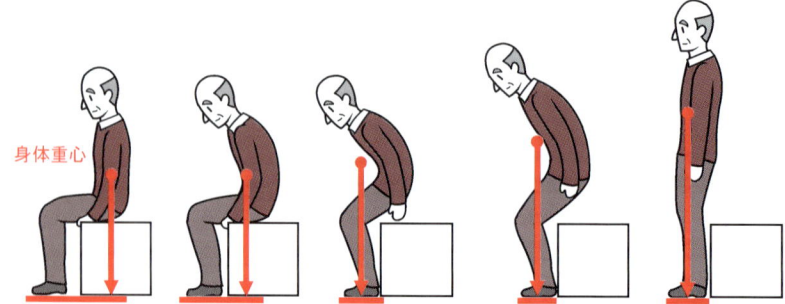

[図2-18] 立ち上がり動作の重心移動
立ち上がりでは，殿部と足部で作られる広い支持基底面を持つ座位姿勢から，足部だけで作られる狭い支持基底面へ重心を前方移動する中で，さらに身体の上方移動を同時に行わなければならない．

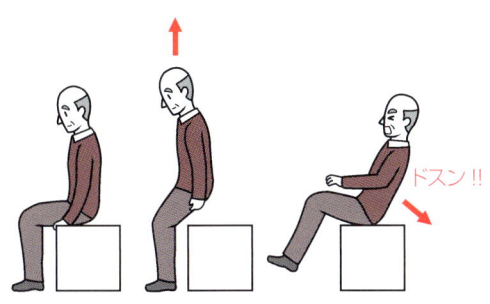

［図2-19］体幹の前傾が行えず後方に倒れる例
重心が足部に乗る前に伸展相に入ると後方へ倒れやすい．

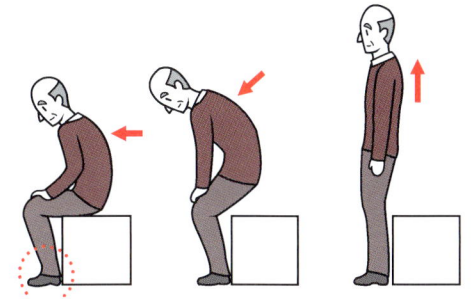

［図2-20］立ち上がり動作のポイント
足を後ろに引き，体幹を前傾し，重心を前方に移動させる．

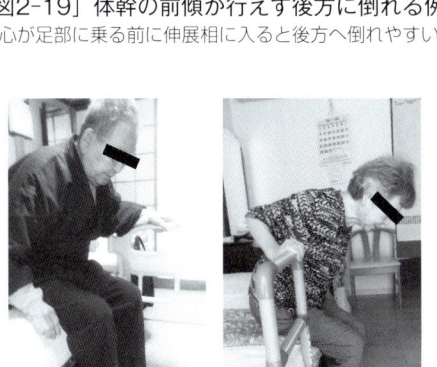

［図2-21］手すりの利用
A：移乗バー使用例，B：床置き式手すり使用例

［図2-22］つっぱり棒型手すり

（4）環境設定

a）座面の高さ

一般的には40～45cm程度だが，患者の体格に合わせることが大切となる．座面を高くすると立ち上がりやすくなるが，座面を高くしすぎると重心が高くなり足底が床に設置しにくくなるため，かえって座位が不安定となることもあり注意を要する．

b）座面の硬さ

褥瘡予防に使用されるエアマットなどの殿部が沈み込む硬さの座面では座位が不安定となり，体幹の前傾による重心移動がスムーズ行えず立ち上がりが困難となる．自分で動くことが可能な場合には，エアマットから普通のマットへ変更する必要がある．

c）手すりなどの使用

前方への重心移動を促すために前方に手すりがあることが望ましいが，すべての場所に用意することは不可能である．椅子からの立ち上がりには，テーブルや肘掛けを使用したり，ベッドからの立ち上がりには，移乗バーや床置き式手すりなどの福祉用具を使用したりすると立ち上がりが行いやすい（図2-21）．手すりを取り付けることができない場所では，市販のつっぱり棒型手すりを使用すると良い（図2-22）．

d）室内履きの使用

立ち上がる際にフローリングや畳で足部が滑り転倒の危険性が高い場合や立ち上がりが困難な場合には，靴底に滑り止めがある室内履きを使用すると良い．室内履きに抵抗がある場合には，足底接地面に滑り止めマットを使用しても

[図2-23] 室内履き

良い（図2-23）．

（5）注意事項

立ち上がる際には，座面に浅く座り「前傾姿勢」になっていること，両足を肩幅程度に開き，足底全体が床に設置し，足を手前に引いていることを確認する．また，お尻を浮かせバランスをとりながら立ち上がることになるが，上体を起こす伸展相では支持基底面が小さくなり重心も上方に移動するため転倒につながりやすくなる．不安定なケースでは特に注意が必要である．

抗重力筋が弱い場合は，重心を上方に移動させるため介助を必要とすることがあるが，この際は前傾姿勢を妨げない位置に立ち，斜め前方方向へ誘導する．

移乗バーを利用して立ち上がる際には，強度には十分に注意する．対象者の自立度も考慮して，安全性には十分に配慮する必要がある．

車椅子からの立ち上がりの際には，「ブレーキをしっかりかけること」「フットレストを上げること」に注意する．

■事例1：脳梗塞後遺症により内反尖足となり，立ち上がりが困難となったケース．

内反尖足位であるため踵が床につかず（図2-24），立ち上がる際にも足を後ろに十分に引けず前方への重心移動が行うことができないため，立ち上がりが困難な例である（図2-25）．

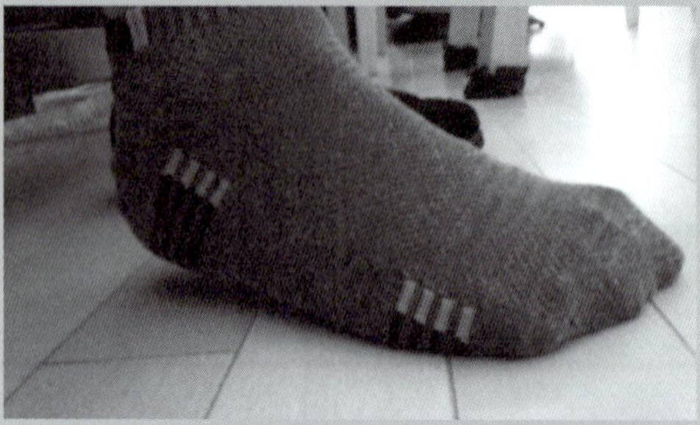

[図2-24] 内反尖足
足底全体を床に接地できない．

[図2-25] 立ち上がりの失敗
重心が足部に乗らないうちに伸展相に入ると，バランスを崩し後方に転倒してしまい立ち上がりが困難である．

対 応

ストレッチなどの理学療法を十分に施行するのは当然であるが，本ケースには室内用の靴（踵1.5cm程度補高）を着用させて対応した（図2-26）．これにより，足底全体を床に接地させることが可能となった．さらに，足を後方に引くとともに重心を前方に移動することができるようになり，立ち上がりが可能となった（図2-27）．

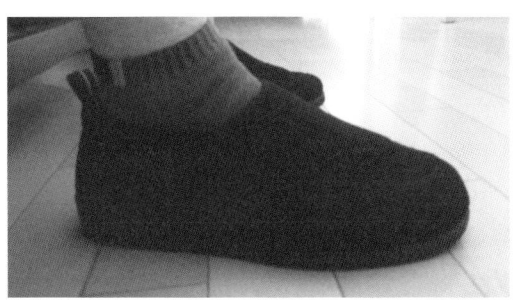

[図2-26] 室内用の靴の着用
その場でできる対応策として，足底が全面接地すること，足部の滑りを防ぐことを目的とし，踵に1.5cm程度の補高をした．

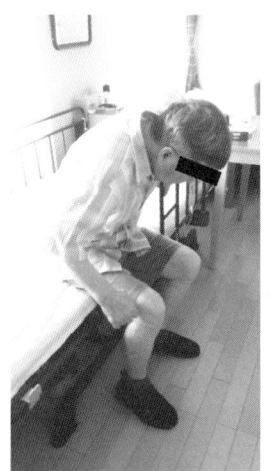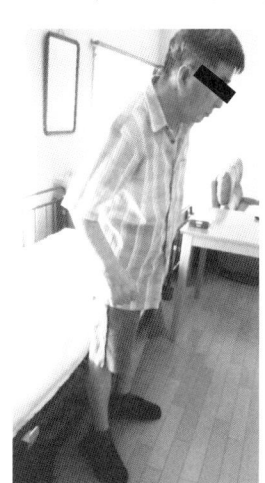

[図2-27] 立ち上がり

■事例2：入院前はソファを愛用していたが，長期入院により下肢筋力低下を招き，ソファからの立ち上がりが困難となった症例．ソファは殿部が沈みこんでしまうため，立ち上がりは非常に難易度が高く，かなりの筋力を必要とする．日中は介護者がおらず，一度ソファに座ってしまうと身動きがとれなくなる可能性が高いと考えられた．

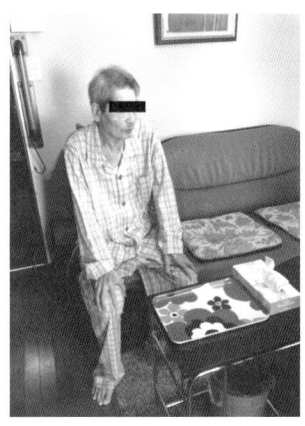

[図2-28] 設置した椅子を利用する様子

対 応

ソファの隣に椅子を設置した（図2-28）．座面の高さは対象者の下肢筋力に合わせて設定する必要がある．下肢筋力が低下し立ち上がりが難しい症例だったのでやや高めに設定した．また，本例では肘置きが設置されると座位が安定し上肢のpush upを利用した立ち上がりも容易になると考えられた．

なお，家具の変更や配置替えをする場合は，対象者本人だけでなく，家族の動線や使い勝手にも配慮する必要がある．

（金子　奈央）

5. 移　乗

（1）移乗動作の意義

　移乗は活動範囲の拡大につながる重要な動作である．移乗によって，廃用症候群を予防し，行動範囲を拡大することで，自立とQOL向上に貢献できる．移乗には，ベッド⇔車椅子，車椅子⇔トイレ，車椅子⇔浴槽，車椅子⇔自動車などがある．本項では移乗動作の中で頻度が多い，ベッド⇔車椅子について主に述べる．

（2）「ベッド⇔車椅子」移乗動作の方法

　移乗の方法には，①一度立位になってから移乗する方法，②中腰のまま方向転換して移乗する方法，③ほぼ座った姿勢のままで移乗する方法，④寝た姿勢のままで移乗する方法，などがあり，介助を受ける対象者の状態や介助者の条件によってさまざまな方法がとられる．

（3）環境設定

a）ベッドと車椅子の高さ

　ベッドと車椅子の高さは一般的には同じ程度が良い[8]．いったん立位になってから移乗する方法であれば高さの違いはあまり気にならないかもしれないが，ほぼ座ったままで移乗する方法では，低い位置から高い位置への移乗は困難となることが多い．ただし，ベッドの高さの調整が可能であれば，ベッドから車椅子への移乗の際はベッドを少し高めに設定し，逆に車椅子からベッドに移乗する際にはベッドをできるだけ低く設定すると介助量は少なくてすむことが多い．また，アームレストを跳ね上げることができるタイプの車椅子では，殿部をずらす程度で良いので，移乗が楽に行える．

b）ベッドと車椅子の位置関係

　一般的にベッドから車椅子に移乗する場合は，ベッドと車椅子のなす角度は30～45°に設定されることが多く，この場合の移乗では，患者の殿部は120～135°の回転が必要になる（図2-29）．しかし，身体と足先の方向はできるだけ移乗後の体幹の向きに近付けると殿部の回転も少なくてすみ移乗もしやすくなる（図2-30）．現実的には，車椅子はベッドに対して10～15°の角度で設置すると，座面とベッド面が近付くので移乗しやすい（図2-31）．フットレストが邪魔になる場合には，フットレストが取り外せるタイプや開き式の車椅子を選択すると良い．

（4）注意事項

　ブレーキをセットし，フットプレートを上げるなどの準備状態を確認する[9]．特に半側空間無視のある例では，患側のブレーキのかけ忘れや患側の足をフットプレートから降ろすのを忘れたりする場面がみられ，このようなことは転倒にもつながるので注意が必要である．

　片麻痺患者などで健側と患側がはっきりしている場合は，ベッドから車椅子への移乗では車椅子は健側に付け，車椅子からベッドへの移乗では健側がベッドに近付くように車椅子を設定するのが一般的であるが，移乗バーを利用する場合にはベッド上で端座位をとっている患者の患側に車椅子を設定し，健側に移乗バーを把持できるようにする（図2-32）．

　ただし，在宅では住宅の構造上の制約などのためにベッドと車椅子の位置関係が限定されることも多いので，家具の配置や車椅子の動線な

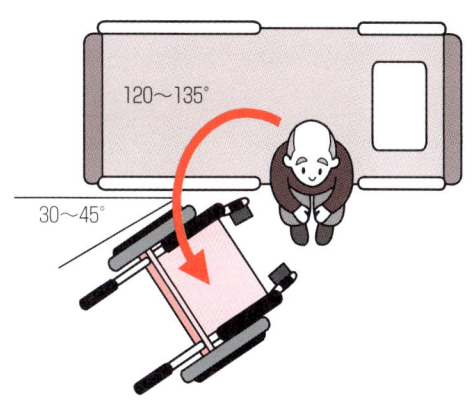

[図2-29] ベッドと車椅子の一般的な位置関係

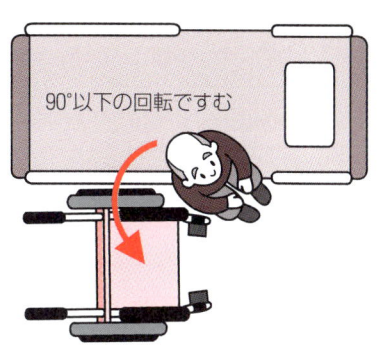

[図2-30] ベッドと車椅子をできるだけ平行に設定して，患者の身体も移乗しやすい向きにした場合

[図2-31] ベッドに対して車椅子を10〜15°に設定して，車椅子までの距離を近くした場合

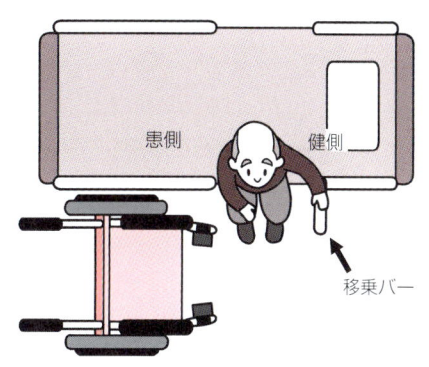

[図2-32] 移乗バーを利用する場合のベッドと車椅子の設定

どによっても臨機応変に対応する必要がある．また，必要に応じてスライディングボードやリフターなどの移乗器具の使用を考慮すると良い．

■事例：移乗動作が自立し，自宅で自立生活を送っている四肢麻痺患者

立ち上がり動作が困難なケースでは，立ち上がりの介助によって，かえって移乗動作が不安定になり，転倒の危険や，介助者の腰痛を引き起こす可能性もある．介助が実用的でないこともある．このような立ち上がりの介助が実用的でない場合には，ほぼ座ったままで移乗する方法を選択するのも一法である．

車椅子は，アームレストの跳ね上げができることが条件となる．これにより，ベッドからの移乗をスムーズにすることができる．身体と足先の方向はできるだけ移乗後の体の向きに近付けるため，体幹をあらかじめ車椅子に座る方向に設定し，車椅子もベッドと平行に近い角度に設定すると良い．このような準備状態で移乗がより楽に行える（図2-33，34）．

次に患者には移乗バーを把持してもらい，殿部にかかる体重を軽くするために前傾姿勢をとらせ，移乗を開始してもらう（図2-35）．

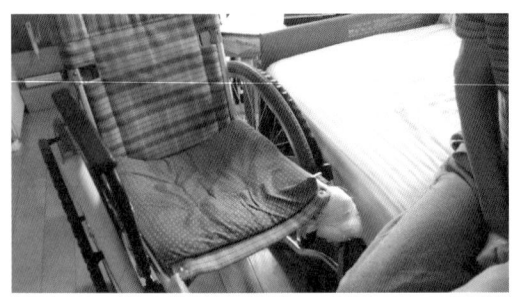
[図2-33] 移乗の準備状態

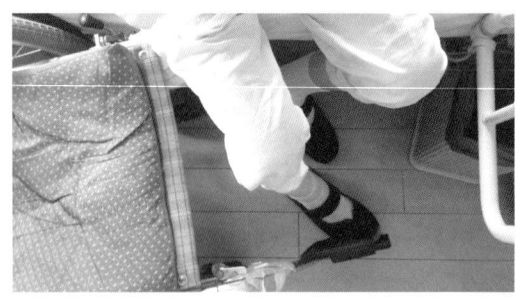
[図2-34] 移乗の準備状態（足部）

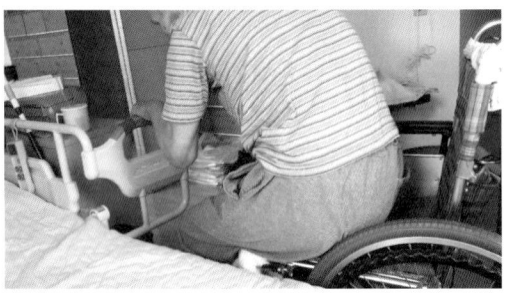
[図2-35] 移乗の開始

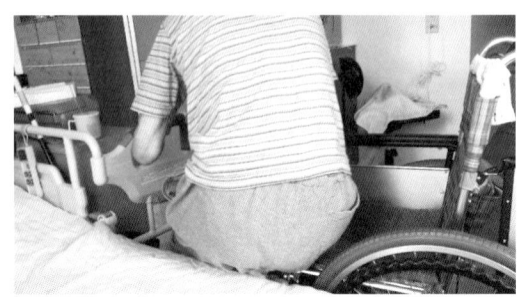
[図2-36] 移乗の途中

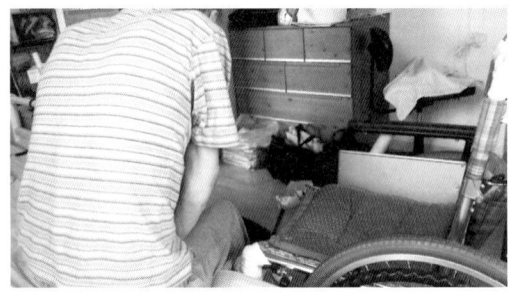
[図2-37] 移乗の終了

　前傾姿勢をとらせることで両脚に体重がかかり，両脚での支持がある程度可能であれば殿部を浮かすことが可能となる．これによって両足を支点として殿部をベッド方向に回転させることができる（**図2-36**）．

　両足を支点として殿部をベッド方向に回転させたら，前傾姿勢から体幹を元に戻すことで移乗が完了する（**図2-37**）．

（金子　奈央）

6. 歩 行

（1）歩行の意義

歩行は，日常生活を送る中で，トイレに行ったり，外出したり，健常者ではごく当たり前の動作であり，なくてはならない非常に重要な能力である．歩行が困難な状態になると，車椅子生活や，最悪の場合寝たきりの生活になってしまうなど，自立した生活を営むうえで大きな支障となり，日常生活動作全般に大きな影響を及ぼす．さらに，歩行が困難になると活動範囲が狭くなり，自宅に引きこもりがちになり，廃用症候群や閉じこもり症候群を招いてしまう．そうすると，筋力低下や心肺機能低下だけでなく，生きがいをなくすことで精神的にも抑うつ状態を招いてしまい，QOLの低下をもたらす．歩行能力は，単に移動手段だけでなく，生きがいや家庭・社会での役割を遂行するうえで重要な能力なのである．

（2）加齢に伴う歩行の変化

加齢に伴う歩行の変化については，歩幅の減少，歩行速度の低下，両脚支持期の増加，歩行動作時の関節可動域の減少，歩行バランスの低下や歩調の低下など，さまざまな特徴がある．歩行能力は食事動作やトイレ動作，入浴動作など他の日常生活動作よりも先行して低下しやすく，高齢者の自立性を評価するための重要な能力といえる．あらゆる疾患において，歩行能力は生命予後と関連があるとされており，歩行能力については生命予後だけに限らず多くの視点から研究報告されている．それほど歩行能力は重要な能力だといえる．

（3）環境設定

週に数回の訪問リハビリだけでは，歩行能力の劇的改善は難しい．しかし，安全な移動手段の獲得は，安心して日常生活を送るには急務である．そこで，手すりや福祉用具の使用などの環境設定を行うことが必要となる．訪問リハビリではそれぞれの福祉用具の特徴や目的を熟知しておかなければならない．訪問時に評価し，瞬時に提案できる能力が必要とされる．

（4）歩行補助具

歩行時の不安定さを補うことや，下肢の負担軽減を目的とし使用される歩行補助具として，杖がある．使用する個人の身体機能や用途により，さまざまな種類の杖から合うものを選択する必要がある[10]（図2-38）．

a) 一本杖

一本杖（図2-38a）は下肢への荷重を免荷する程度が非常に少ない．骨折などで下肢の免荷を行う目的としては使いにくいが，脳卒中や失調による歩行の不安定さを補いたい場合には適応となる．バランス安定を目的とした場合は，通常の長さより長めに設定すると良い．

b) 多脚杖

杖の脚部分が3つに分かれている三点杖，4つに分かれている四点杖を合わせて多脚杖という（図2-38b）．最近では種類が増し，歩行能力や使いやすさに合わせて選べるようになっている．杖の重量が重く使いにくいという対象者も多いので，訪問時に評価する必要がある．

c) サイドケイン

脚立のような形が特徴であり，支持基底面が

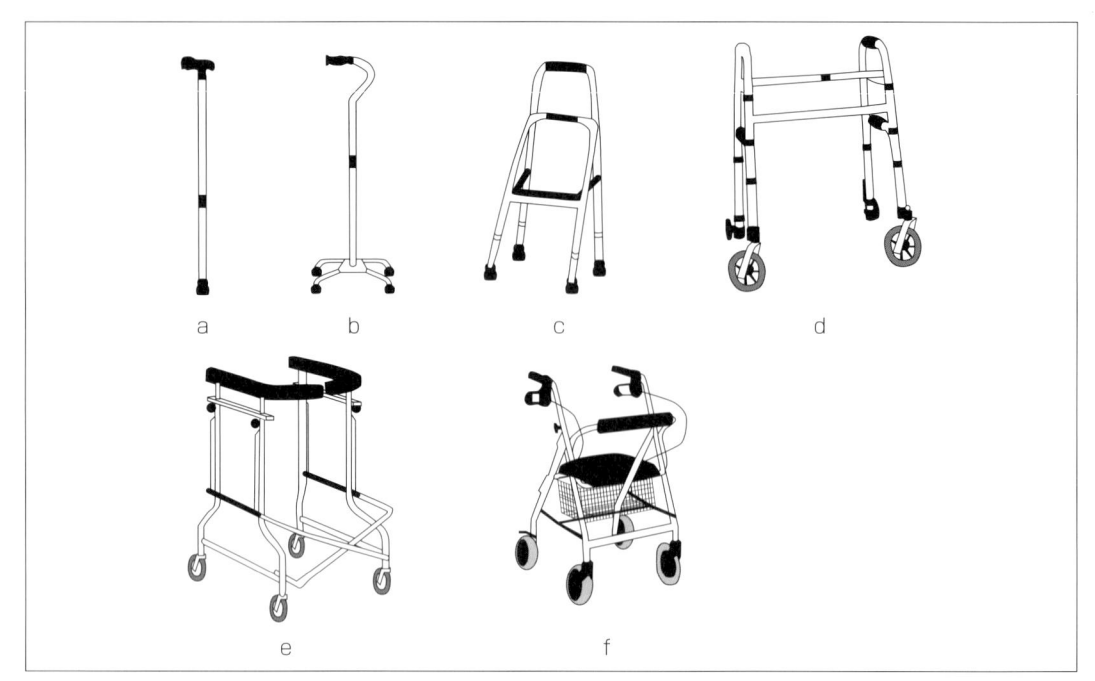

[図2-38] 歩行補助具の種類
a：一本杖, b：多脚杖(四点杖), c：サイドケイン,
d：キャスター付き歩行器, e：歩行車, f：シルバーカー

広く手すりに近い安定感がある（図2-38c）．杖や多脚杖では歩行が不安定な片麻痺の方に適応である．サイズが大きいため上肢の力が必要であることや，折り畳むことは可能であるが持ち運びに不便なことなどがデメリットとなる．壁や家具などのつたい歩きできる所が豊富な在宅ではほとんど使用されていない．

d）歩行器・歩行車

杖よりも支持基底面が広いため，歩行能力や歩行バランスが低下している場合に用いられる．1歩1歩持ち上げて使用する固定型歩行器や，左右交互に前にずらしながら前進する交互式歩行器，持ち上げずに使用できるキャスター付き歩行器などがある（図2-38d）．上から体重を乗せることでブレーキがかかるキャスター付き歩行器もあるが，段差のないバリアフリー住宅でなければ使用しにくい．

その他，上肢を乗せて上体を支えながら歩行ができる歩行車（図2-38e）や買い物などの外出時に屋外で使用できるシルバーカー（図2-38f）がある．歩行車は小回りの効く六輪タイプのものや，上肢でブレーキが使えるものがある．シルバーカーは荷物をかごの中に入れるものや，途中休憩のために腰かけられるものもある．しかし，歩行車に頼りすぎて前方に突進するように転倒する事故が多いのも事実であるため，歩行能力に合わせて選択することが重要である．シルバーカーは買い物に行く際など，屋外で使用されることが多い．

e）手すり設置・住宅改修

歩行が不安定な場合や移動に不安を感じる場合は手すりを設置する．自宅の中でいちいち杖を持ち運ぶのが嫌な場合にも手すりは重宝する．ふすまや扉がある場合でも取り外しができる手すりもある．または，工事不要のつっぱり棒を使用し手すりを作ることも可能であるが，安定感はやや落ちる．しかし，わずかな範囲の移動であればつっぱり棒のみでも設置すると安

[図2-39] つっぱり棒のみの設置

[図2-40] 屋内の段差

心である（**図2-39**）．

f) 段　差

　最近ではバリアフリー化が進み，自宅内に段差のない家が増えつつあるが，訪問先となる高齢者が住む従来からの家屋ではいまだ多くの段差が見受けられる．下肢の筋力やバランス能力が低下している高齢者においては，段差は転倒しやすい場所である（**図2-40**）．段差が高い場合には手すりを設置し安全に昇降ができるようにする．

　敷居などのわずかな段差であってもつまずいて転倒する場合があるため，注意する必要がある（**図2-41**）．つまずく危険性がある場合には，段差解消スロープ（**図2-42**）を設置することもひとつの方法であるが，反対に段差解消スロープの両サイドにつまずく場合もあるため，動線を確認のうえ設置をするか否かを検討する必要がある．パーキンソン病ですくみ足がある場合には，段差があった方が下肢を振り出しやすい場合もある．

g) 絨　毯
　　じゅう　たん

　フローリングや畳の上に絨毯を敷いていることは多く見受けられ（**図2-43**），その絨毯のめくれやたるみにつまずき転倒することが少なくない．なるべく絨毯は敷かないようにするの

[図2-41] わずかな段差（敷居）

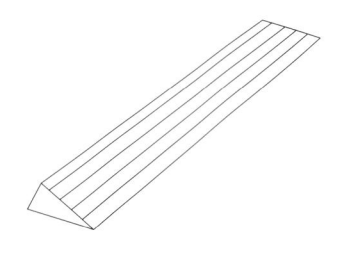

[図2-42] 段差解消スロープ

が良いが，どうしても敷きたい場合には，動線上に絨毯の端が来ないように部屋の隅々まで敷き詰めたり，カーペット用の固定シールを貼ったり，畳であればピンで押し込んだりする工夫が必要となる．

[図2-43] 絨毯と転倒
A：絨毯の端のたるみ．B：動線上に絨毯の端があり転倒の原因になり得る．

[図2-44] 人感センサーライトの設置

[図2-45] 散らかっている室内では転倒しやすい

h) その他

夜間にトイレに行く際の転倒が多く報告されているが，人感センサーライトを廊下などに用いることも，安全に自宅生活を送る際のポイントである（**図2-44**）．

また，動線上にクッションや小物，電気製品のコードや延長コードなどがある場合にも転倒の危険性は高くなる（**図2-45**）．動線上に物を置かないように整理整頓する必要がある．

（5）事例

■**事例**：70歳女性．パーキンソン症候群．下肢筋力に支障はなく，階段昇降は自立していたが，平地歩行ではすくみ足や小刻み歩行が出現し，歩行が困難な状況であった．声かけや介助で多少の改善はみられたが，自立歩行にまでは至らなかった．しかし，手すりにつかまっての階段昇降は可能であった（**図2-46**）．

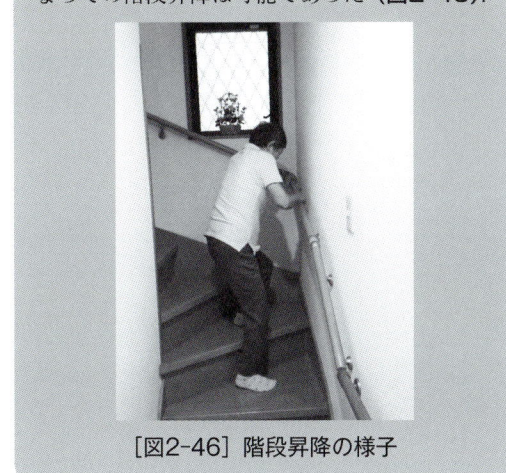

［図2-46］階段昇降の様子

［図2-47］テープで付けた目印

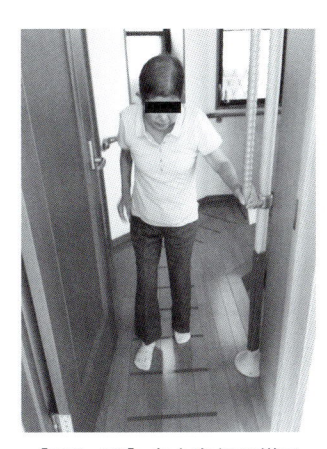

［図2-48］自立歩行の様子

対 応

　階段昇降のように目印があれば大きく足を出すことはわかっていたため，目印として歩幅に合わせて赤色のテープを床面に貼り付けた（**図2-47**）．手すりは必要であるが，すくみ足・小刻み歩行は改善し，自立歩行ができるようになった（**図2-48**）．

　「すくみ足」は，歩き始め，方向転換時，目的地に近付いたとき，何かの障害物をみたとき，などに起こりやすい．

　「すくみ足」を軽減する方法は，誰にでも当てはまるものはないので，患者それぞれに合った対処法，いわゆるコツのようなものを探すと良い．歩きだす前に一歩足を引いたり，片足を高く上げたりする．前傾姿勢を正し，深呼吸してから歩きだす．体を前後に揺らしてから歩きだす．携帯できるレーザー光線を床に光らせ，その光をまたいで動きだす．イチニ，イチニと数えて歩きだす．歌を歌ってから歩きだす．などの視覚や聴覚などに刺激を与えきっかけを作るなどの方法も有効となる．歩行中は，踵接地を心がける，腕を大きく振る，歩幅を大きくする，方向転換ではできるだけ大回りをする，目的地より少し先を目的地とする，などを指導すると良い．

　また「すくみ足」は不安や緊張などで悪化するので，「歩かなければ」「足を踏み出さなければ」といったプレッシャーを引き起こさないよう，リラックスできる環境づくりも大切である．ただし，前傾姿勢になり転倒しやすいので十分な注意が必要である．

（金子　奈央）

7. 食　事

　食事とは，人間が生きていくうえで必要不可欠な行為のひとつとされている．しかし食事は，栄養を摂るためだけでなく，味を楽しんだり家族や他者と同じ時間を共有したりとその時間や場を楽しむためにも行われるものでもある．何らかの障害を負ってしまうことで，食事の形態変更を余儀なくされ食事そのものが困難になることもある．また，嚥下障害などにより食事そのものに苦痛を感じている方も多い．そのため，どのようにすると楽に食べられるか，味を感じることができるか，楽しんで食事の時間を家族等と共有することができるかを考えていく必要がある．

（1）評　価

　食事の評価として，①どこで食べているのか，②どのような姿勢で食べているのか，③どのような食事形態か，④どれくらいの量をどれくらいの時間をかけて食べているのか，を評価することが必要である．基本的には聞き取りで評価していくが，想像が難しいときは直接食事時間に訪問して評価していくことも必要である．

　食事量が少ない場合は，夏や冬には脱水などの心配も十分考えられる．水分量に加えて，どれくらいの食事を摂れているか聞き取りすることで，必要な栄養などが摂取できているかを評価していく．また，嚥下機能や座位の保持能力が低下しており食事することが疲労につながってしまう方に関しては，特に食事量が少なくなりやすい．そのため，嚥下機能に問題がなければ，経腸栄養剤（商品名：エンシュア，ラコールなど）で栄養やカロリーを補うことも考える必要がある．

（2）環境調整

　病前は座卓やテーブルなどさまざまな姿勢で食事をとっていた方でも，病後はテーブルでの食事に変更されることが多い．しかし，床上動作や床からの立ち上がりの練習を行うことで座卓での食事を摂れることも多い．また，どうしても床上動作や床からの立ち上がりが難しい方でも，昇降式の座椅子（**図2-49**）などの福祉用具を利用することで座卓での食事が可能となる．そのため，洋式への環境調整などを最初に考えるのではなく，どうすれば今までの生活を

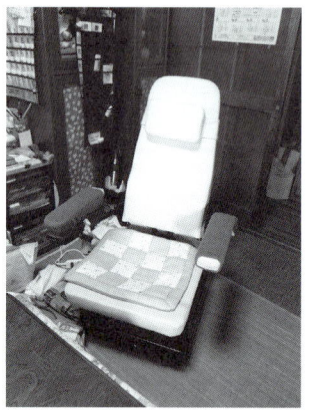

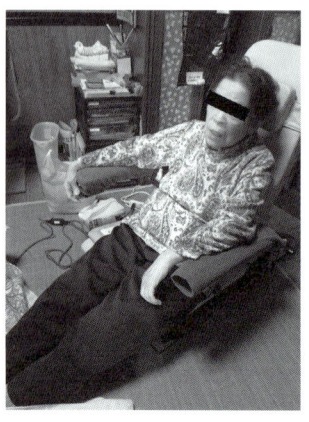

［図2-49］昇降式座椅子の例

継続できるかをまず考えることも必要になる.

座卓やテーブルが低い場合は，座位姿勢の崩れとともに嚥下障害が起きやすくなってしまうため，対象者にあった高さに補高することが大事である．高すぎる場合は，上肢操作などが困難になることが多いため，椅子（車椅子）を高くするなどの工夫が必要となる．その際には足底が床から離れないよう足台などを利用する．

食器に関しては多くの福祉用具が販売されている．利き手交換などリハビリの要素が強くなると食事時間が長くなり嚥下機能の低下も考えられるため，まずは楽に食べられるように福祉用具を使用していくことも必要である．また，耐久性がまだ低い対象者に関しては，楽に姿勢保持できるように椅子や車椅子についても十分に検討することが，嚥下機能の向上にもつながる．

（3）同居者への配慮

嚥下食に関しては，対象者の嚥下能力の評価はもちろんであるが，食事を作る家族への配慮も十分に行う必要がある．普通の食事であっても毎日の料理は大変なうえ，嚥下能力に配慮して調理するのは大変である．入院中に説明を受けている家族の方であっても，食事のバリエーションなどに悩んでいる方も多い．資料などを渡し参考にしてもらうことはもちろん，市販されている嚥下食などを紹介することも大事となる．離乳食などは，そのまま嚥下食に利用することも可能である．また，経管栄養での食事の対象者に関しては，同じ食卓で摂ることも重要だが，食べられないことに対してのストレスになる恐れもあることから，本人・家族の意向を聞きながら対応していく．

（4）他職種（介護士）との連携

食事場面においては食事介助が介護士の関わりになることが多い．姿勢や食事介助の方法についてはできる限りわかりやすく伝える必要がある．姿勢などに関しては伝わりにくいことが多いため，写真などを利用して画像として伝えるとわかりやすい．また，調理で関わる場合には嚥下食の指導ももちろん重要となる．

例：楽な姿勢で車椅子に座ってもらい，ゆっくり介助して食べてもらうようにしてください．

具体的な指導：

車椅子の背もたれになるべく頭を付けてもらいながら，顎を上げないような姿勢をとってもらってください．食べさせるときはスプーン半分くらいの量をなるべく口の奥に入れるようにしてください．喉仏が動いてしっかりとゴックンしてから，次の食べ物を口に入れてください．

（5）リハビリテーション指導

セラピストが対象者に対して自主訓練の指導を行ったにも関わらず施行されなかったことを知り，「あの対象者はモチベーションが低い」「やる気がない」などと話している場面をときどき見ることがある．しかし，生活動作で頑張っている方がさらに自主訓練を行うことはかなり難しいのではないかと考えられる．健常者であっても，仕事で疲れているときに健康作りのために運動をできる方は多くはない．そのため筆者は対象者に「リハビリはダイエットと同じようなもの．一人でやり遂げるのはかなり精神力が強くないとできない．どこかに行ってお金を払うことでやり続けることができる」と話をすることがある．加えて自主訓練としてリハビリを行うのではなく，生活動作の中でリハビリを行えるよう「ながらリハビリ」を指導していくことが，継続したセルフコントロールにつながることが多い．そのため，ADLで行う動作そのものがリハビリになっていることを対象者に伝え，認識してもらうことが重要となる．

食事場面において一番簡単な「ながらリハビリ」は自助具を使用しての食事になるのだが，食事場所がベッドサイドになっている方も多いので，できれば食卓で家族と食べて欲しいことを提案する．食卓まで移動（離床，歩くなど）の「ながらリハビリ」でも良い．また，座卓での食事は毎日が床上動作の繰り返しになる．加えて食事動作においては，経口摂取できる方は食べ続けることが嚥下の直接訓練になることはもちろんだが，介助で食事されている方には疲労しない中で食べ続けることも訓練になることを伝える．また，嚥下に大きな問題がない対象者に関しては，外食も視野に入れて屋外移動の方法などを本人・家族と話をしていくことも必要になる．

（6）事例紹介

■**事例**：50歳代男性．脳梗塞を発症し両片麻痺．訪問時の介護度は要介護5．初期評価時は，車椅子座位が10分程度可能．移乗も含めて座位以降はすべてにおいて重度から中等度の介助が必要．食事は胃瘻．リハビリ継続の希望があり訪問リハビリ開始．

経 過

体幹機能の向上および移乗・歩行練習を中心にリハビリを進めていく中で，歩行車を使用して近位監視にて歩行できるまでに至る．身体機能が改善していく中で，本人から経口摂取の希望が聞かれるようになった．嚥下機能の評価を行い，経口摂取の可能性はあると判断し，今までのリハビリに加えて頸部の動きの拡大を図っていった．

結 果

その後，体幹機能がさらに向上し日中はほとんど車椅子座位で過ごせるまでになり，唾液の誤嚥も軽減してきた．嚥下造影検査（VF）にて医師より経口摂取が可能と判断される．経口摂取可能となり，本人からは「これほど嬉しいことはない．（ミキサー食ではあったが）今まで食べたものの中で一番旨い」との話が聞かれた．妻からは「夫に隠れてご飯を食べなくても良くなった．年末・年始などは買い物に行くのも辛かった．料理を作ることが楽しい」との話が聞かれた．食事方法については，机に肘をついた状態でできるだけ座位の安定を補助しながら食べるように指導した．

◆**事例からの学び**

食事が可能になったことで，初めて妻から毎日抱えていた本音を聞くことができた．食事動作を改めて考えるきっかけとなった．楽に食べてもらえるように，工夫をして誤嚥をしないように努めることが同居家族との楽しい食事場面の継続につながる．

〔宮田　信悦〕

8. トイレ

　排泄は人間の健康を維持するうえでも大切な動作であるとともに，人間の尊厳を守る最後の砦ともされている．そのため，可能な範囲でトイレでの動作ができるよう関わることが大事となる．難しいようであればポータブルトイレでの排泄を選択することになるが，後始末を家族に頼むことにも申し訳なさを感じている方も多い．オムツからの脱却はもちろんであるが，精神的な部分も十分に配慮していくことが必要となる．関連して，特に夜間のトイレの回数が増えることを嫌がり水分を控えてしまって脱水症状となる対象者もいるため，午前中になるべく水分を摂り夕方から控えるなどの提案をするなどの配慮も必要となる．

（1）評価

　病院であれば実際の動作を見学・介助することがときどきあるものの，在宅生活の場面においてはなかなか実際の動作を介助する場面に遭遇することは難しい．そのため，模擬動作として見学し，動作が難しい場面をしっかりと評価することが必要となる．

　座位保持能力や移乗能力によって環境調整が大きく変わってくるため，特にしっかりとした評価が必要となる．加えて，移動手段によっても環境が大きく変わるため，座位・移乗と同様に状況に応じた調整（図2-50）が大事である．

　どうしてもオムツを使用する必要がある対象者に関しては，失禁後のオムツの状態によっては褥瘡などの問題を併発する恐れがあるため，回数や介護力の評価も必要となる．

（2）環境調整

　住宅改修はさまざまな環境において必要になるが，特にトイレは改修が難しい場所である．扉の形状や段差の解消を行いたい場合でももともとのスペースがあまりない場合が多く，変更が困難になることがある．また，臭いなどの問題もあるため，来客が多い家や家族構成によってはアコーディオンカーテンなど簡易的な扉へ変更することもなかなか難しい（図2-51）．

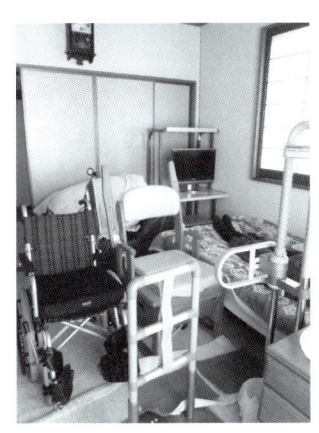

［図2-50］殿部を横移動して移乗する方の例

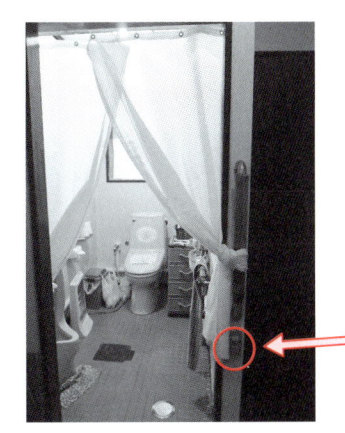

［図2-51］家族の理解があり改修ができた例

照明スイッチも車椅子座位で操作しやすい位置に設置

主な移動手段が車椅子になると，十分な介助スペースが必要だが困難なことが多い．そのため，数歩でも本人が歩いて移動できることで環境調整を考える幅が広がる．難しいようであれば，便座の位置を調整し直接移乗できる方法を考える．スペースを作るために男性用便器を取り除く改修が行われやすいが，立位が可能な男性の対象者であれば男性用便器を使用した方が残尿感もなく排泄が可能（**図2-52**）なこともある．

加えて，手すりの位置においても対象者の身体機能に合わせて手すりを付けたが，ペーパーホルダー（**図2-53**）が遠い場所や取りにくい場所に配置されることがある．そのため，しっかりとした評価を行い，必要な場所に必要な形状の手すりを設置することが重要となる．

冬期間では気温の低下により排泄時の血圧の変動が大きくなることがある．そのため，トイレの室温のコントロールを考えた環境調整が必要となる．夜間にトイレを利用する方に対しては，廊下などの照明なども安全性を考えるうえでは重要となる．

排泄動作では，トイレでの排泄が難しい場合や，動線や薬などの影響などを考慮し夜間のみポータブルトイレを選択することもある．ポータブルトイレも他の福祉用具同様に多くの種類があるが，臭いなどに考慮することはもちろんだがポータブルトイレの重さや他の家具との見栄えなどに配慮することも重要となる．特に，立ち上がりの際に上肢でひきつける動作となりやすい方では，できる限り重さのあるポータブルトイレ（**図2-54**）を選択する必要がある．しかし，スペースの問題で動作のたびにポータブルトイレを持ち運びする必要がある場合は，主介護者の介護力を見極めて選定する必要がある．

（3）同居者への配慮

トイレに関しては，専用のトイレを準備する

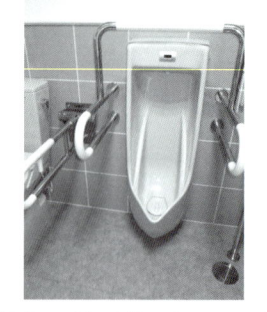

[図2-52] 男性用トイレの例

[図2-53] ペーパーホルダーの位置

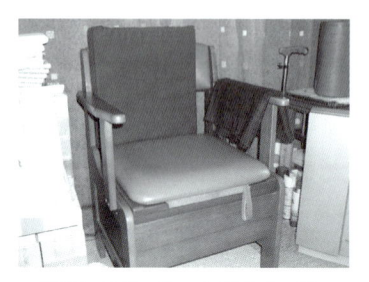

[図2-54] ポータブルトイレ

ことも増えてきているが，ほとんどが家族と共用になる．そのため，前述した通り扉の形状や臭いなどにもしっかりと配慮する必要がある．また，ポータブルトイレや人工肛門では後始末の問題などがあるため，頻度が多くなる方などは後始末がしやすいような住宅改修にすることも必要となる．トイレ動作の介助が必要な対象者に関しては，本人と同様に介護者も夜間の睡眠時間が少なくなっている場合があるため，介護者の睡眠時間にも配慮が必要となる．

オムツを使用している対象者であれば，前述した通り褥瘡の心配があることを介護者に指導

することも必要となる．

（4）他職種（介護士）との連携

　介助での動作については介助者も入れるようなスペースが要求される場合が多く，狭い場所では移乗の技術も必要となる．手すりはもちろんだが，棚などの環境も介助量を軽減することができるため，どの動作のときにどのような介助が必要なのかを伝えることが重要となる．また，オムツ交換で関わる場合は褥瘡の心配があることを話し，過度に重ねて使用しないように指導する．
例：便座に移乗させて介助してあげてください．
具体的な指導：

　　お尻を移動することが大変ですので，手すりにつかまるようにして体を前に倒してお尻が浮き上がってから，一緒にお尻を移動してあげてください．後始末などはお一人でできますので，見守ってもらえればリハビリにもなります．また，水分をあまり摂られないので水分量のチェックもお願いします．

（5）リハビリテーション指導

　立ち上がりや移乗はもちろん，トイレまでの歩行動作も「ながらリハビリ」になる．歩くことが億劫になり水分を摂らないのではなく，水分摂取のためにトイレへ歩いていくこともリハビリになることを説明し，脱水の予防につなげる．
　オムツを利用している対象者でもどこか随意運動が可能な部分があるのであれば，交換時に腰上げや足を広げることを協力するように話す．

（6）事例紹介

> ■事例：70歳代女性．ALS．歩行が徐々に困難となり，訪問リハビリ開始となる．アパートを経営しているため経済状況は良好だが，一人暮らしであり介助が必要な部分はヘルパーを限度額を超えて利用して生活をしていた．

経　過
　もともと肥満体型ということや症状の進行により，移乗の介助量が少しずつ増加してきた．移乗を福祉用具で行うことを提案するも，ヘルパーが機器の使用に対して抵抗があったため，移乗の方法を指導．手すりにつかまり，前方から介助した後に殿部を移動することを提案．ヘルパー訪問時に何度か訪問し，動作方法を確認しながら不足部分を指導していった．

結　果
　症状の進行に伴い，トイレ動作を1人介助から2人介助へ変更する．必要時には2人介助で行う方法なども指導していった．

◆事例からの学び
　進行性疾患の対象者であれば，その状態に合わせて介助方法は次々に変化する．対象者の変化をしっかりと評価し，状態に合った介助方法を他職種に伝えることはリハビリ職の重要な業務である．

〔宮田　信悦〕

9. 入浴

　脱衣所・浴室は排泄動作と同様に住宅改修が必要となる場所であるが，同時に福祉用具も合わせて使用されることが多い．自助具の利用も含めて動作にさまざまな工夫を必要とされるところである．加えて家族構成によっては介護量が増悪してしまう動作ともいえる．そのため，在宅で生活されている方であっても通所系サービスを利用し入浴をされている方は多い．しかし，できれば自宅の浴槽でゆっくりと入浴したいと考えている対象者は少なくない．福祉用具を使用し動作方法を指導することで可能になることも多いため，ケアマネジャーなどに現在の能力を随時伝えることも重要となる．浴槽に入るのが難しい方であっても，汗をかきやすい夏場だけでもシャワー浴ができるような工夫をすることが，皮膚の清潔を保つためにも必要となる．

（1）評　価

　入浴動作は排泄動作と同様に，性別の違いなどで，なかなか直接見ることが難しい．しかし浴槽にお湯をはっていない状況であれば模擬動作として行ってもらうことは可能である．住宅改修などの参考としても，一度動作を行ってもらうことが必要である．しかし，実際の動作場面では水分や泡などの転倒を助長する要因があることの予想もしっかり行う．動作を考えるうえでは，浴室だけでなく脱衣所のスペースも重要な項目となるため，広さも含めて評価することが重要である．

（2）環境調整

　住宅改修の部分では手すりの配置が重要となる．安全に移動動作がしやすいように，模擬動作の中でどの部分を触っているかをチェックすることで，手すりを付ける場所の参考になる．扉の形状によっては，浴室の出入りの際に扉を閉めるために移動を要する場合もある．その動きにも注意して手すりを配置したり，場合によっては扉の変更をしたりする必要がある．また，季節によっては室温も重要となる．冬場は居室と脱衣所・浴室の温度差が大きくなりやすいため，簡易暖房などの使用や入浴前にシャワーを出し湯気で浴室を暖めておくなどの助言が必要となる．

　入浴に関しては住宅改修よりも，シャワーチェアや浴槽台，バスボードなど福祉用具の使用が多い（図2-55）．後述するシャワーキャリーなども含めて入浴用の福祉用具に関しては，直接肌に触れるため介護保険の中でも購入対象の物となっている．レンタルの物と違い，購入対象の物は簡単に変更することが難しいため，しっかりと評価したうえで購入するようにした方が良い．

　簡易手すり（図2-56）に関しては，強い力で引っ張りすぎると浴槽に穴が開いてしまうこともあるため，立ち上がりの能力などに合わせて手すりの配置を考える必要がある．浴室と脱衣所の段差に対してはすのこ（図2-57）を提案することもあるが，すのこはこまめに掃除をして乾燥させないと不衛生になることがあるため，介護者の負担にならないように設置には十分配慮し，設置する際には操作しやすいよう重さや大きさに十分に注意する．

　浴室に入る際の段差の大きさにもよるが，シャワーキャリーを使用することで浴室へ入ることが可能なことも多い．前述したように夏場のみシャワー浴ができるように，シャワーキャ

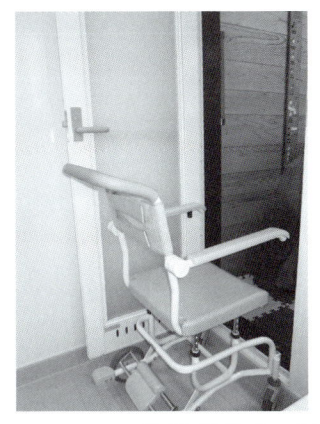

[図2-55] シャワーキャリーとバスボード

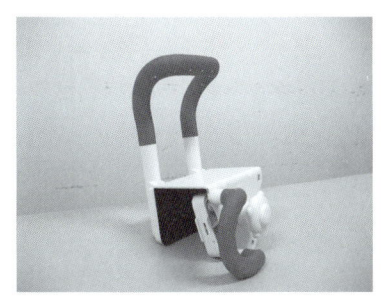

[図2-56] 簡易手すり

[図2-58] 天井走行式リフトを設置した例
ベッドから浴室までそのまま移動可能．

[図2-57] すのこ

リーや簡易スロープなどの購入を家族と相談する必要がある．

また，入浴に対して家族の希望がある場合は，各種リフト（**図2-58**）の設置が検討できることもある．

（3）同居者への配慮

対象者個別の浴室であれば配慮は必要ないが，ほとんどの対象者は浴室を家族と共用することが多い．そのため，浴槽台やバスボードを設置したままにしておくことが難しいことも多い．浴槽台は高さの問題，バスボードは広さの問題になることがあるため，着脱方法などを家族に指導しておくことが大事になる．また，前述した通り，すのこを使用する場合はこまめに乾燥や掃除などをするよう指導することも必要となる．

（4）他職種（介護士）との連携

　更衣動作を含めて，入浴動作は時間がかかる動作となりやすい．また，施設での入浴動作ともなれば介護者の人数が多いために過介助の動作となりやすい．対象者自身にできる限り洗体などの動作を行ってもらうことが必要となるが，どの動作を行ってもらうかをしっかり伝えることが大事になる．
例：リハビリもかねて，体をご自分で洗えるように指示してください．
具体的な指導：
　　体の前面だけでなく，麻痺側の手を自分で洗ってもらうことで意識付けにもなるので，ご自分で洗うように指示してください．

（5）リハビリテーション指導

　麻痺側の手を洗うなどの動作では，麻痺側への意識付けになることはもちろんだが，体幹をねじる動作などが起こりやすいため，反対側を洗う動作を積極的に行ってもらうようにする．また，洗髪動作においても頭皮をしっかりと動かすように洗うことは，頭頸部から体幹背部にかけての柔らかさを出すためにも必要な動作となり，嚥下機能の維持にもつながる．

（6）事例紹介

■事例：60歳代男性．脳梗塞（両片麻痺）を発症．胃瘻・気管切開．要介護5．寝たきりでADLは全介助レベル．覚醒状態も不良でYES-NO反応は得られなかった．リハビリの継続希望があり訪問リハビリ開始となる．自宅は寝たきりの夫を妻と娘で介護するために，段差解消機や床走行式リフト，バスリフト，ストレッチャーなどを住宅改修・購入済み．

経　過
　リハビリにおいては全身の関節可動域の維持と覚醒レベルの向上を目的に関わっていった．当初は訪問看護師と入浴を行い，対象者が入浴好きだったということもあり最終的には家族のみで週2回の入浴を行えるようになった．

結　果
　入浴という対象者の好きな刺激が入ったことやリハビリの継続により，徐々に覚醒レベルの向上がみられた．YES-NO反応はもちろん，ランドルト環の輪の切れている方向を首振りにて示すことができるほどに改善した．

◆事例からの学び
　今回の事例に関しては，金銭的に問題がなかったことによりさまざまな福祉用具が導入されていたことで，入浴という介護力が必要な動作を家族のみで行えた大きな要素となっている．介護者は自分が無理をしてでも介護を頑張ってしまう方が多く，介護者の入院により在宅生活が継続できなくなるケースも少なくない．すべての利用者に対して有効とはいえないが，介護をしている期間は長く続くため，いろいろな福祉用具を使用して介護力を減らす方法を考えていくことが重要となる．

（宮田　信悦）

10. 更衣

　更衣動作は，寝たきりの方でなければ比較的自立していることが多い動作である．しかし，在宅復帰後の介護では介護者の時間的負担により過介助となりやすい動作でもあり，行うことができる動作にも関わらず要介助になっている対象者もいる．動作のどの部分が可能でどの部分ができていないのかを評価したうえで，家族・介護士へ介助方法を指導することが重要となる．

　特に全介助レベルの対象者に関しては，服の着替えがかなりの重労働になることが多い．加えて，対象者側からすればオムツ交換と同様に痛みを伴う動作にもなりやすいため，お互いが楽に動作を行えるように関節可動域を保つリハビリをすることは必須である．

(1) 評価

　更衣動作の評価は，上衣・下衣ともにどのような衣類を着ているのか，その衣類をどこに着ていくのかを評価していく．シャツなど伸びにくい衣類は着にくいために，伸びやすい衣類を着ていることが多い．しかし，健常者であれば行く場所によって衣類の種類を変更することは当たり前に行っている．特に女性に関しては，外出を視野にさまざまな種類の服を着ることができるように練習する必要がある．

　また，寝たきりの対象者であればどのような衣類をどれくらいの頻度で着替えをして，どれくらいの介助が必要なのかを評価していく．前述した通り，関節可動域に制限がある対象者に関しては，どの部分で痛みを生じやすいのか，痛みが増悪するのかをしっかりと評価する．

(2) 環境調整

　更衣動作に関しては環境の調整はほとんど必要ないが，座位・立位バランスの安定が動作の安定性向上に大きく関与する．そのため，ベッド上で行うのか車椅子で行うのかをその方の身体状況に合わせて提案することが必要となる．加えて，それぞれの高さを調整し安定した姿勢の中で動作を行えるような調整を行う（図2-59）．

　冷暖房機器で室温調整しやすい環境にすることは，特に寝たきりレベルで大量に発汗する対象者にとっては着替えの量を減らすことにもなる．着替えや洗濯などの介護量を軽減するためにも重要となり，皮膚の管理や脱水などにも配慮することができる．

　下方へのリーチが難しい方に関しては，靴下動作は介助が必要な衣類となることもあるため，自助具の提案（図2-60）をすることも必要である．

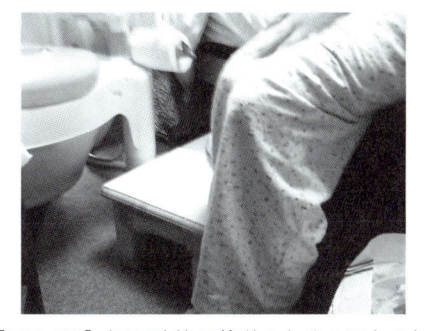

[図2-59] 短下肢装具着脱のための足台の例
装具を装着する対象者の例．右足を乗せて使用，滑り止めシートを貼り付けて足部の位置が安定するように工夫している．

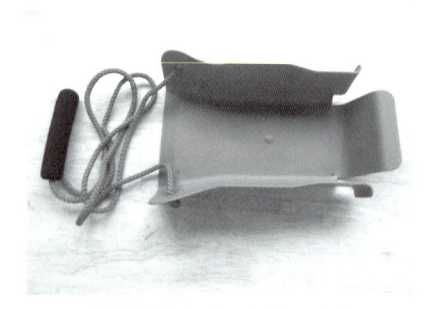

[図2-60] ソックスエイド

(3) 同居者への配慮

過介助にならないように指導していくことはもちろんだが，関節可動域に制限のある対象者についてはどの方向でどれくらい動かすと痛みが出るのかを介護者にしっかりと伝え，できるだけ痛みのない動作になるような方法を指導する．

季節に関わらず，高齢者は汗を大量にかいている状況であっても暑さを感じないことが多く，夏場でも布団をかけて寝ている方も多い．寝たきりの方を訪問すると，布団の中で大量に汗をかいて衣類がかなり濡れていることもしばしばみかける．動作という点ではないが，着替えという点では家族にも注意してもらい，こまめな着替えを誘導してもらうことが重要である．加えて温度設定や掛け布団の枚数などにも注意を払い，必要に応じて介護者にも指導を行っていく．

また，整容動作同様に身だしなみが今後の余暇活動に大きく関与することも考えられるため，できる限りTPOに合わせて衣類を変えられるくらいの衣類の幅があった方がQOLの向上を図ることが可能と考える．

(4) 他職種（介護士）との連携

前述した通り，更衣動作は，家族であっても時間に追われることで過介助になりやすいため，介護士に対してもどの部分をどれくらい介助するのか，痛みの範囲などをしっかりと伝える必要がある．

例：上衣を着ることが大変なので，できるところを本人にしてもらってできない部分を介助してください．

具体的な指導：

　袖を通す際に手が引っかかりやすいのでそこを介助してください．手を上げる場合は肩を90°程度までにしてもらえれば痛みはありません．また，最後の身だしなみを整えるのを忘れやすいので声かけをしてもらえれば，ご自分で身だしなみを整えることができます．

(5) リハビリテーション指導

上肢能力にもよるが，更衣動作の中ではズボンの脱着や靴下や靴を履く動作など肩関節の可動域をあまり必要としない動作もあり，両手動作となることもあるため，可能な範囲での麻痺側上肢の使用を促すことが必要である．また，上衣・下衣ともに上下肢に沿わせて服の感覚を感じながら着ることも感覚の練習になり，動作の自立や麻痺側の上下肢に目を向ける練習になる．

(6) 事例紹介

■事例：50歳代男性．脳梗塞を発症．退院時にSHB・T字杖を使用し歩行レベルで退院．ADLはほぼ自立していたが，退院後徐々に服が着られなくなったとケアマネジャーより相談があり訪問リハビリ開始．歩行が非麻痺側優位の動作となっており，上肢の連合反応により胸部まで手が上がっている状況．座位では少しずつ手が下りてくる様子がみられた．

経　過

歩容の改善を目的にリハビリを行う．麻痺側下肢へも少しずつ重心移動できるようになると，上肢の連合反応が減少し更衣も以前と同様

に行えるようになった．

結　果

　歩容や連合反応が軽減しROMが改善してくると，初期評価時に手指のBr. stageはIIレベルと評価していたが，連合反応により随意性が隠されていた状況だったのかstage III〜IVレベルへ向上した．上衣は，連合反応の軽減により再獲得され継続可能な動作となった．

◆事例からの学び

　連合反応により更衣動作が難しくなった事例．関節可動域制限のある上肢に対してアプローチするのはもちろんだが，連合反応を起こしている動作を評価しその部分にアプローチすることで，対象者が本来持っていた能力を引き出すこともある．

（宮田　信悦）

11. 整容

整容動作は男女差や個人的な要因が強い動作である．もともとあまり容姿に対して気にしない方もいるし，逆に容姿に対して固執される方もいる．その方に合った方法で，整容動作の指導をしていくことが必要である．男性であれば髭剃り，女性であれば化粧など，それぞれの性別でなければ理解しにくい部分もあるので，他者（対象者の同性）からの協力が必要な動作と考える．

（1）評価

整容の評価は整容動作がそれぞれの動作（整髪，洗顔，歯磨き，髭剃り，化粧など）を異なった環境で行うことも多いため，どの動作をどこでどのように行うのかをそれぞれ評価することが大事になる．

他の動作と異なり，比較的再現してもらっても差し支えない動作のため，特に困難になっている動作に関しては再現し実際に観察することが重要となる．筆者の経験では，容器から反対の手に化粧水を出してつけていた方や皮膚を寄せて髭剃りをしていた方が，それぞれ麻痺による影響でできなくなっていたことがある．それぞれ方法を変更する必要があり，実際の動作を評価したうえで対応したこともある．

（2）環境調整

整容動作を行っている場所は，ベッドサイドか洗面所になることが多い．ベッドサイドであれば，動作を楽に行えるように座位姿勢などを安定させることはもちろんだが，動作が自立できている方であればベッドサイドに使用する物品を使いやすいように配置することも，「しているADL」の質の向上につながる．しかし，移乗などが可能になりそうなレベルの対象者に関しては，洗面台での整容を行えるように誘導することも必要である（図2-61）．

洗面台は対象者の移動能力によって使い分けが必要なこともある．車椅子であれば，下部の収納スペースを撤去することで車椅子が奥まで入ることができ，移動の際のスペースにもなるためできる限り除去することが多い（図2-62）．

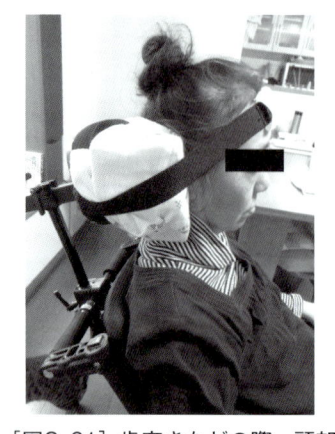

[図2-61] 歯磨きなどの際，頭部固定が困難でヘッドサポートを作製した例

[図2-62] 洗面台下のスペースの確保

しかし，立ち上がりが可能な方や歩行で移動できる方に関しては，収納棚などを残し立位動作の際に支えとして使用できる可能性もあるため，対象者の能力に合わせた改修が必要となる．
　洗面台の水洗レバーに関しては，できれば混合水栓型のレバーの方が温度などをコントロールしやすいため，金銭面などの問題がなく使用頻度が多いようであれば提案することも必要になる．
　福祉用具に関しては，自助具が考えられるが櫛の柄を長くまたは太くするなどの工夫によって改善されやすい．使用する道具が動かないように滑り止めを使用するなどの簡単な工夫は随時提案していく．

（3）同居者への配慮

　整容動作に関しては，家屋改修を行ったとしても大きな影響は出にくいと考える．ただし，洗面台などを除去したための収納スペースがなくなるなどの事前の説明をすることは，信頼関係を築くためにも必要である．
　寝たきりの利用者に関しては，身だしなみとして髭剃り化粧などをしっかり行うことで元気だった頃の自分の日々の行動の継続になるなどQOLの向上に大きく関与するため，できる範囲で以前と同様に行ってもらうように援助してもらう．

（4）他職種（介護士）との連携

　介護士との関わりでは，あまり時間がかるような動作であれば，その他の介助の時間が不足してしまうことも十分に考えられるため，前述したようにどの動作でどのように関わってもらうかが重要となる．しかし，外出する際の身だしなみに関してはできる限り援助することで，今後の余暇活動に広がりを作ることも多いため，買い物はもちろんだが通院やデイサービス前の身体介護ではできる限り整髪などにも気を使ってもらうよう話をする．
例：デイサービス前などは髪をしっかりと直してください．
具体的な指導：
　外出をするときに身だしなみに気を付けることで，今後の外出へ楽しみを持ってもらうきっかけになる可能性もあるので，できる限り髪を直したり化粧をしたり身だしなみの部分の援助をお願いします．

（5）リハビリテーション指導

　場面によっていろいろな提案はあるが，住宅改修の項目にも記載したように洗顔や歯磨きを立位動作で行ったり，ベッドサイドで行っていた動作を洗面所まで移動（歩行など）して行うことを提案しても良い．女性であれば，化粧などは精神面の変化や認知症の予防などにも役立つと考える．

（宮田　信悦）

12. 家事

家事動作には，洗濯・掃除・調理など多くの動作がある．同居家族がいる場合は，同居家族が行ってしまうことが多くなるが，特に女性の利用者にとっては在宅復帰後の重要な役割のひとつになることが多い．時間等を考えると同居家族が行う方が早いことは十分に考慮しながら，できる限り行える動作を役割として提供してほしいことを伝える．また，男性に対しても仕事として家事を提供することは，役割として重要な要素となる．

（1）評価

筆者の経験で，対象者から掃除が大変との話を聞き，実際の動作を確認しようと掃除機を取りに行こうとしたところ，箒を取りに行こうとした対象者もいた．使用する機器によっても動作パターンはまったく違うものになってしまう．加えて年代ごとに使用する物品も違うために，どの動作をどのようにして行っていて，どの部分が大変なのかを詳しく評価することが必要となる．

洗濯は洗濯機を使用することで可能だが，干す動作を行う際には姿勢や関節可動域，両手動作が必要なのかの評価が必要となる．また，上方へのリーチは可能な対象者であっても，洗濯物の重さによって動作が不安定になり転倒することも多いため，実際場面での評価が重要となる．

掃除は使用するものによって，動作の自立に大きな変化を与えることが可能となる．掃除機，箒，雑巾，モップなど，どの道具を使っていてどのような場面で困難さを訴えているのかをしっかり聞き，対応していくことが必要となる．

調理は姿勢によっても可能な動作と難しい動作が分かれる．立位であれば難しい動作であっても，座位であれば可能になることも多い．場面設定などを行い，できる限り自立した動作になるように評価を行う．加えて，他のどの動作よりも認知機能の評価が重要になることはいうまでもない．しかし，逆に安全に行えるのであれば認知機能の維持・向上には重要な動作となる．

（2）環境調整

家事動作に関しては，大きな改修が必要になる可能性が高い．改修を提案する前に，座ったままで行えるように椅子などの家具を配置するなどの提案で動作が可能になることがある．

洗濯では高さなどを考慮することで動作が可能になることもある（図2-63）が，ピンチ力の低下により洗濯バサミを開くことができない方も多い．洗濯バサミの強さは若干のばらつきがあり，種類によっては開くことができる物もあるので，十分に選定して提供していく．

歩行や立位バランスが不安定な対象者に関しては，重い掃除機よりも箒やモップなどの方が使用しやすいことがあり，動作を行えるようになるきっかけとなりやすい．また，すべての物品において高さが重要となり，低すぎると腰痛を引き起こしたりしやすいので注意が必要となる（図2-64，65）．

調理などはいろいろな福祉用具があるが，自分で作製することも可能である．しかし，さびや衛生面にしっかり配慮したうえで作製する必要がある（図2-66）．また，滑り止めなどでも動作が安定して行えるようになる．

[図2-63] 高さ調節可能な物干しを設置した例

[図2-64] 流し台の高さを調整した例

[図2-65] 使用しやすい洗濯機の型を選択した例

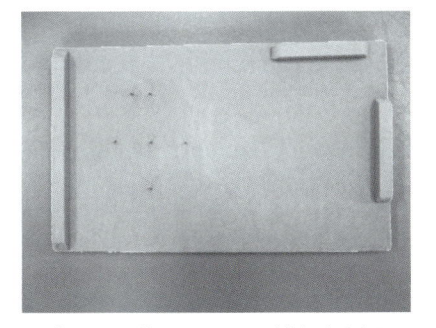

[図2-66] ストッパー付きまな板

（3）同居者への配慮

　洗濯機や台所など使用する機器の高さなどの調整を行うことが必要だが，同居家族も使用する機器がほとんどなため，対象者のみが使いやすい機器にならないように配慮が必要となる．

また前述した通り，時間だけを考えると介護者や介護士が行った方が早い．そのため，動作すべてを行ってもらうのではなく動作の一部分のみを切り取って行ってもらうように話をすることも重要となる．

（4）他職種（介護士）との連携

　家事動作のほとんどが，本来であれば介護士と一緒に行いやすい動作となる．しかし，介護士の訪問時間は限られているため，同居者への配慮でも述べたようにどの動作でどのくらいの作業を行ってもらうかをしっかりと提案していく．

例：調理動作は，福祉用具を使うことで利用者さんも行えますのでできる限り一緒に行ってください．

具体的な指導：

　　調理動作では切る動作を主に利用者さんに行ってもらってください．その他に関しては，現時点では一緒に行ってもらっても結構です．立っての動作では疲れてしまうことがあるため，座ったまま動作してもらってください．その際，滑り止めなどを使って，まな板が動かないようにしてください．

（5）リハビリテーション指導

　家事動作に関しては，動作すべてが毎日行っていくことで「ながらリハビリ」となるため，続けられるような動作を提案する必要がある．

（6）事例紹介

　■**事例**：70歳代女性．両股関節人工関節置換術．左片麻痺．息子，娘，娘の子2人との5人家族．立位は何とか可能なレベル．息子，娘ともに仕事が忙しいとのことで調理動作を行っている．

経　過

　経過の中で，肘の怪我ややけどが多くなった．動作を確認すると，キッチンシンクに肘をつきもたれかかって動作を行っていた．姿勢として安定している座位での調理を提案するも，物が切りにくいとの理由で立位での動作を希望．立位が不安定になり肘での支持が強くなってきたための怪我であると判断し，肘を置いている場所に滑り止めを置くことを提案する．

結　果

　肘に滑り止めを置くことで，以前よりも怪我なく行えるようになったとのこと．家族からもいろいろ言われなくなり，家事が続けられてよかったとのこと．

◆事例からの学び

　姿勢の変更は動作を楽にすることもあるが，今までの動作のようにできなくなることで苦痛を感じる方も多い．今までの動作をどのようにすれば楽に行えるのかを考えることも必要となる．また，動作を安全に行うことは家族の安心にもつながり動作を継続していける秘訣となる．

（宮田　信悦）

13. 外出

(1) 外出の意義

人にとって外出することは、日常生活の中で生きがいを感じることができる必要不可欠な行為である。高齢者や障害者にとって、外出は筋力や体力、認知機能を向上させ、廃用症候群や閉じこもり症候群を防ぐ。高齢者や障害者への外出支援は、介護予防や自立支援につながる。その結果、社会的にも介護費・医療費の削減、地域の活性化などの効果を与えることが期待されている。高齢者の外出支援は介護保険サービスや民間サービスなど充実してきているが、厚生労働省も積極的に政策を行っており、最近ではリハビリ業界においてより力が注がれる分野となっている[47]。屋外施設や設備などのバリアフリー化も進んできており、以前に比べて外出しやすい環境となってきているといえる[48]。

(2) 環境設定

外出の促しだけで終わらず、身体機能に合った外出しやすい環境であるかを評価し、また環境を整備できるのは、普段の生活の場に入ってリハビリを行う訪問リハビリならではの強みである。しかし、住宅改修は費用負担が発生し、また頻回に行えるものではないため、慎重に検討する必要がある。慎重すぎて設置時期を逃し、環境不備のために転倒してしまうこともしばしば見受けられるため、設置のタイミングには十分気を付ける必要がある。

a) 玄関

外出する場合に、玄関上がり框の昇降や靴の着脱が問題となる場合が多くある。

昔の家屋では、上がり框の高さが40cm以上あるものもある。そのような場合には、足台の設置や手すりの設置が必要となる(図2-67)。また、立位で靴の着脱ができない場合には、椅子を置いたりするなどの工夫が必要である[49](図2-68)。

b) 玄関アプローチ

最近ではバリアフリー住宅が多くなっているが、まだ砂利道や石畳、飛び石など足場が不安定なアプローチになっている訪問先は多くある。玄関外のアプローチが不安定で転倒の危険

[図2-67] 足台と手すりの設置

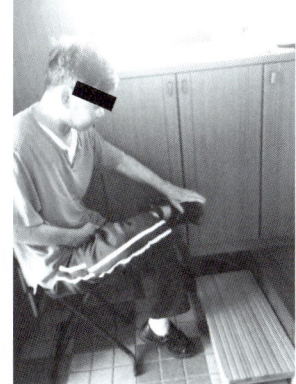

[図2-68] 椅子を使用した靴の着脱

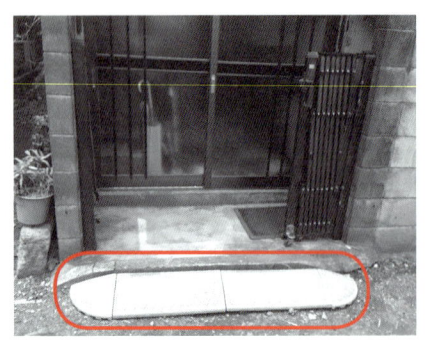

[図2-69] 玄関外の不安定なアプローチ
砂利道の上にアプローチがあり,安定していない.体重を乗せると動くため,バランスを崩し転倒する危険性がある.

[図2-70] 住宅改修で整備した玄関アプローチ
砂利道ではバランスを崩す危険性が高かったため住宅改修を行う.住宅改修を行うことで転倒の危険性が軽減した.

[図2-71] 玄関アプローチに対して手すりを設置した例

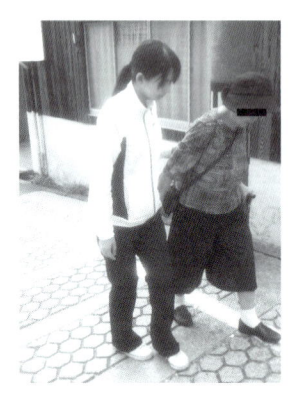

[図2-72] 屋外歩行練習

性を高くする場合もある(図2-69).

歩行能力が高く,転倒の危険性がない場合には住宅改修の必要性はないが,歩行が不安定で転倒の危険性が高い場合には住宅改修を要することもある(図2-70).

また,玄関を出てすぐに階段がある場合も少なくない.その場合には手すりを設置したり,スロープを設置したりする必要がある(図2-71).住宅改修には高額な工事費がかかってしまうため,本当に必要か,どのような改修が必要かなど綿密な計画が必要である.

c) 屋外歩行

屋外では"歩行"だけでなく,地面の凹凸や傾斜,雨や風,人や自転車,自動車,天候などいろいろな周囲の環境に注意を向ける必要があり,非常に難易度が高い.屋外歩行練習時には,これらの環境に注意を向けることができるか評価する必要がある(図2-72).また,長距離歩行時には,あらかじめ休憩のできる場所を探しておくことも必要である.

d) 公共交通機関による外出

公共交通機関などの乗り物に乗ることができると,一気に活動範囲は拡大し,QOLは向上する.しかし転倒の事故報告は多く,細心の注意を払う必要がある.

例えば,最近ではノンステップバスが多く走るようになったが,いまだワンステップバスやツーステップバスも走っている.そのようなバスの段差の高さは250〜350mm程度であるため,下肢の筋力が十分にないと昇降困難であり転倒しやすい.また,座席に座るまでにバスが発進したために転倒したという報告もある.

電車利用時においても,エレベーターのない駅では,駅のホームまでの長い階段を昇降する

身体機能があるか確認し，乗降時にはホームと電車の間の隙間に転落しないようにしっかりと足を出すことができるか確認する必要がある．

訪問リハビリ時にバスや電車利用を想定した練習を十分繰り返し行い，その後実際の場所へ同行し，しっかりと評価および指導をする必要がある（図2-73）．

e）外出先

エスカレーターもまた転倒の多い場所であるため，注意が必要である（図2-74）．行きたい場所や動線を確認し，訪問時に評価する．また，買い物時に財布からお金を出すことができるか，荷物を持ち歩行することができるか，さまざまな視点から評価する必要がある．

f）趣味活動

外出が可能になるとさまざまな趣味活動に取り組むことができる（図2-75）．QOLを高めるためには重要な要素であるため，安全に趣味活動を行うことができるか評価する必要がある．危険性が多少あっても，趣味活動に参加することを阻止せず，どうしたら安全に参加できるかを対象者と一緒に考えることも必要である．そのうえで，「今できること」「できないこと」や将来的に身体機能や環境がどう変わればできるようになるのか，など目標を共有することも，リハビリを行ううえでモチベーション向上につながる．

（金子　奈央）

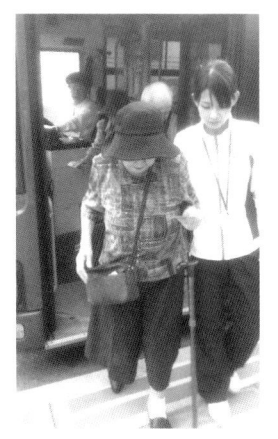

［図2-73］バスの乗降練習

［図2-74］エスカレーター乗り降りの練習

［図2-75］趣味活動（園芸）

●●第2章　参考文献●●

1) 土屋弘吉・他：日常生活活動（動作）―評価と訓練の実際― 第3版．pp50-51，医歯薬出版，1992．
2) 齋藤宏・他：姿勢と動作 ADLその基礎から応用 第3版．pp56-57，メヂカルフレンド社，2010．
3) 土屋弘吉・他：日常生活活動（動作）―評価と訓練の実際― 第3版．pp151-152，医歯薬出版，1992．
4) 石井慎一郎：動作分析．pp82-97，メジカルビュー社，2013．
5) 廣瀬秀行・木之瀬隆：高齢者のシーティング．pp27-29，47-53，三輪書店，2014．
6) 齋藤宏・他：姿勢と動作．pp48-51，メヂカルフレンド社，2002．
7) 齋藤宏・他：姿勢と動作．pp160-161，メヂカルフレンド社，2002．
8) 齋藤宏・他：姿勢と動作．pp148-151，メヂカルフレンド社，2002．
9) 伊藤利之・江藤文夫：日常生活活動（ADL）．pp156-158，医歯薬出版，2013．
10) 社団法人シルバーサービス振興会：福祉用具専門相談員研修用テキスト．pp277-286，中央法規，2006．
11) 作業療法ジャーナル編集委員会：ADLを問う―臨床の質が変わるADL支援の提案．作業療法ジャーナル，37（6）：585-589，2003．
12) 英裕雄・他：特集 生活期(在宅)におけるチーム医療．地域リハビリテーション，7（7）：530-559，2012．
13) 藤井智・他：特集 脳血管障害者の退院時における住宅改修．地域リハビリテーション，7（3）：186-210，2012．
14) 村井千賀・他：特集 自立を支援する訪問介護―リハ専門職との連携．地域リハビリテーション，8（3）：184-207，2013．
15) 山﨑裕司：患者さんのやる気を引き出すテクニック 応用行動分析を使いこなそう！自主訓練を行ってもらうには．地域リハビリテーション，8（2）：134-136，2013．
16) 大越満："訪問療法士"が知っていること，できること－他人以上医師未満．時々家族　一人で食べて．地域リハビリテーション，6（6）：454-456，2011．
17) 野尻晋一・他：漫画とイラストで見る高齢者の生活期リハビリテーション 施設リハビリテーション－食事．9（1）：56-59，2014．
18) 江頭文江・他：自宅で簡単にできる嚥下食．2，1～12号：2007．
19) 東京商工会議所：福祉住環境コーディネーター2級テキスト．pp163-167．（株）社会保険研究所，2000．
20) 英裕雄・他：特集 生活期(在宅)におけるチーム医療．地域リハビリテーション，7（7）：530-559，2012．
21) 藤井智・他：特集 脳血管障害者の退院時における住宅改修．地域リハビリテーション，7（3）：186-210，2012．
22) 村井千賀・他：特集　自立を支援する訪問介護―リハ専門職との連携．地域リハビリテーション，8（3）：184-207，2013．
23) 大越満："訪問療法士"が知っていること，できること－他人以上医師未満．時々家族　ポータブルトイレは嫌！！．地域リハビリテーション，6（5）：384-386，2011．
24) 大越満："訪問療法士"が知っていること，できること－他人以上医師未満．時々家族　立てばトイレが見えてくる．地域リハビリテーション，6（3）：2011．
25) 大越満："訪問療法士"が知っていること，できること－他人以上医師未満．時々家族　便が出てる．地域リハビリテーション，6（4）：308-311，2011．
26) 野尻晋一・他：漫画とイラストで見る高齢者の生活期リハビリテーション 排泄障害へのアプローチ．9(2)：140-143，2014．
27) 東京商工会議所：福祉住環境コーディネーター2級テキスト．pp169-174．（株）社会保険研究所，2000．
28) 英裕雄・他：特集 生活期(在宅)におけるチーム医療．地域リハビリテーション，7（7）：530-559，2012．
29) 藤井智・他：特集 脳血管障害者の退院時における住宅改修．地域リハビリテーション，7（3）：186-210，2012．
30) 村井千賀・他：特集 自立を支援する訪問介護―リハ専門職との連携．地域リハビリテーション，8（3）：184-207，2013．
31) 大越満："訪問療法士"が知っていること，できること－他人以上医師未満．時々家族　お風呂で水をかけちゃダメ！?．地域リハビリテーション，6（8）：614-617，2011．
32) 作業療法ジャーナル編集委員会：ADLを問う―臨床の質が変わるADL支援の提案．作業療法ジャーナル，37（6）：590-595，2003．
33) 英裕雄・他：特集 生活期(在宅)におけるチーム医療．地域リハビリテーション，7（7）：530-559，2012．
34) 藤井智・他：特集 脳血管障害者の退院時における住宅改修．地域リハビリテーション，7（3）：186-210，2012．
35) 村井千賀・他：特集 自立を支援する訪問介護―リハ専門職との連携．地域リハビリテーション，8（3）：184-207，2013．
36) 大越満："訪問療法士"が知っていること，できること－他人以上医師未満．時々家族　片手でも服を着られる？．地域リハビリテーション，6（7）：536-539，2011．
37) 大田仁史：終末期リハビリテーション－リハビリテーション医療と福祉との接点を求めて．壮道社，2002．
38) 東京商工会議所：福祉住環境コーディネーター2級テキスト．pp167-169．（株）社会保険研究所，2000．
39) 英裕雄・他：特集 生活期(在宅)におけるチーム医療．地域リハビリテーション，7（7）：530-559，2012．
40) 藤井智・他：特集 脳血管障害者の退院時における住宅改修．地域リハビリテーション，7（3）：186-210，2012．

41）村井千賀・他：特集 自立を支援する訪問介護－リハ専門職との連携．地域リハビリテーション，8（3）：184-207，2013．
42）東京商工会議所：福祉住環境コーディネーター2級テキスト．pp167-177．（株）社会保険研究所，2000．
43）英裕雄・他：特集 生活期(在宅)におけるチーム医療．地域リハビリテーション，7（7）：530-559，2012．
44）藤井智・他：特集 脳血管障害者の退院時における住宅改修．地域リハビリテーション，7（3）：186-210，2012．
45）村井千賀・他：特集 自立を支援する訪問介護－リハ専門職との連携．地域リハビリテーション，8（3）：184-207，2013．
46）大越満："訪問療法士"が知っていること，できること－他人以上医師未満．時々家族 片手でも鍋を洗えます！．地域リハビリテーション，6（10）：790-793，2011．
47）伊藤利之・江藤文夫：日常生活活動（ADL）．pp72-81．医歯薬出版，2013．
48）木村哲彦：生活環境論 第6版．pp334-341．医歯薬出版，2010．
49）財団法人総合健康推進財団：高齢者を元気にする生活術．pp130-131，2004．

> コラム：簡単に作れる自助具紹介!!

【ループ付きタオル】（図1）

〈対象者〉
　関節可動域制限や片麻痺などで背中が洗えない人．

〈材　料〉（図2）
・タオルまたはナイロンタオル（長さによっては2枚）
・アクリルテープ

〈手　順〉
①ナイロンタオルの両端に折り込むようにアクリルテープを入れ縫う（図3）．
②アクリルテープを輪状になるように縫い合わせれば完成（図4）．

（金子　奈央）

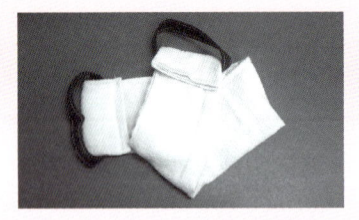

［図1］完成例

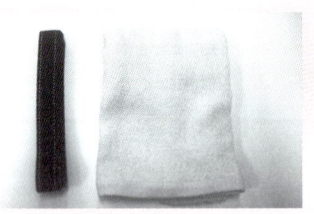

［図2］材料

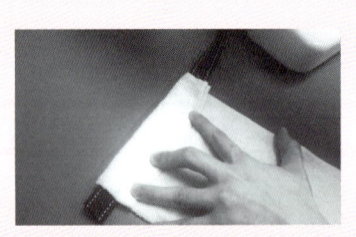

［図3］作成例

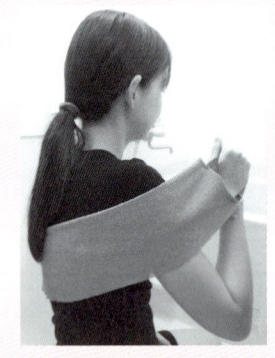

［図4］使用例

第3章

訪問・通所リハビリテーションに必要な技術と指導

1. 吸引
2. 口腔のケア
3. 摂食嚥下
4. 褥瘡予防
5. 自主トレーニング

1. 吸引

(1) 吸引の適応

　喀痰等の喀出には咳嗽が非常に有効であるが，高齢になると咳嗽反射が鈍くなり，全身的な筋力や体力なども衰えるため，咳をすること自体が困難となるケースも出てくる．気道内（鼻腔，口腔，咽喉頭，気管，気管支など）への貯留は，呼吸困難や窒息の原因になり，また肺炎などの感染症のリスクを高めることにもなる．自力で排痰できないケースでは命に関わることもあるため，吸引は高齢者の在宅ケアでは非常に重要な処置となる．

　喀痰等の吸引には，口腔・鼻腔内吸引と気管内吸引がある．適応は，呼吸理学療法などの侵襲性の少ない方法を実施したにも関わらず排痰が困難な場合である．排痰を目的とした呼吸理学療法には，体位ドレナージ，スクイージング，クラッピング，バイブレーションなどがあり，この他にネブライザー，吸入薬，水分補給なども排痰には有効である．このような方法によって痰を喀出できない場合に吸引が行われる．

(2) アセスメント

　吸引を実施するにあたっては，吸引前にフィジカルアセスメントなどによって分泌物の存在とその部位を把握する評価が必要である[1]．視診による努力呼吸（呼吸仕事量の増加所見として，呼吸数増加，浅速呼吸，呼気延長，陥没呼吸，呼吸補助筋の活動増加などがある）の状態，触診による胸郭に振動が伝達するラトリングの存在，聴診による呼吸音の低下・消失とロンカイやコースクラックルなどの副雑音の聴取の状況，パルスオキシメーターによるSpO_2（経皮

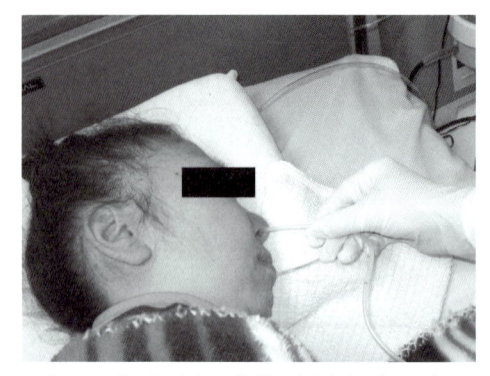

[図3-1] 吸引中の表情の観察などの評価

的動脈血酸素飽和度），チアノーゼの有無，呼吸困難の程度などを評価する．

　吸引中には，表情の観察などの視診による評価やSpO_2による監視を行って安全性に十分な配慮をしながら（図3-1），カテーテル内の喀痰の排出状況をチェックする．なお，口腔内・鼻腔内吸引では問題とならないが，気管吸引では迷走神経叢を刺激することによる呼吸停止や心停止を引き起こす可能性があるので，注意を要する．

　吸引後には，吸引前に認められた喀痰貯留による所見や症状が改善したかどうかを視診，触診，聴診によるフィジカルイグザミネーションによって評価する．また，吸引された喀痰のアセスメントとして，量，色（白色・黄～緑・さび色など），粘稠度，血液混入の有無などを確認する．もし，吸引が効果的に行われず，気道内分泌物が残留していると考えられるのであれば，フィジカルイグザミネーションによって確認するとともに，吸引方法は適切であったか，また気道が適度な湿度で保たれていたか，などについても検討する必要がある．

（3）清潔操作

　滅菌・消毒されたものは「清潔」，それ以外のものは「不潔」と捉え，清潔と不潔との区別をしっかり意識することが大切である．喀痰吸引の際には手指衛生を行い，適切な防護具を着用し，清潔操作で実施し，感染予防に努めなければならない．標準予防策（スタンダード・プリコーション）は，感染症の有無に関わらずすべての患者のケアに際して適用する疾患非特異的な予防策である．特に手指衛生については，すべての医療行為の基本であり，感染防止に対して一番大切な役割を果たすことを認識しなければならない．実際の手指衛生では，手袋着用の有無に関わらず喀痰などに触れた際はもちろん，吸引を行う前や手袋を外した直後，また同じ患者であっても処置やケアの間にも，手指衛生を行う必要がある．

（4）吸引カテーテル

　吸引カテーテルは基本的に単回使用とし，1回使用するごとに廃棄することを原則とする．しかし一般的に在宅では病院で行うような清潔操作を厳密にできないこともあるため，口腔鼻腔用の吸引カテーテルは，同一のケースに対しては，乾燥または消毒後に再利用する場合もある．

　気管吸引の際の吸引カテーテルのサイズは，気管チューブの内径の1/2を目安に選択する．吸引カテーテルの外径のサイズはフレンチ（Fr）という単位で表示される（1mm＝3Fr）．通常，成人では10〜14Frが適応となる．

（5）吸引圧

　吸引圧は，「設定吸引圧」で100〜150mmHg（約13〜20kPa）とする（**図3-2**）．吸引圧が高すぎると気管内の空気の多量吸引による低酸素血症を起こす危険性があり，逆に吸引圧が低す

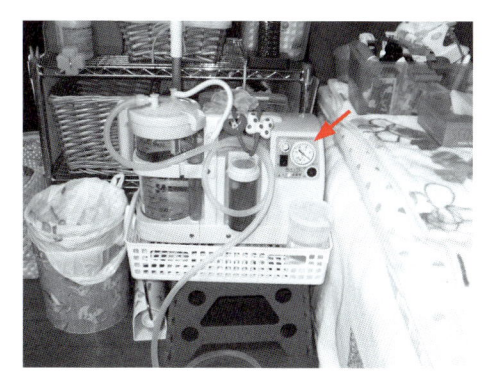

[図3-2] 吸引器
矢印部分で吸引圧を確認する．

ぎると短時間で有効な吸引が行えず，回数が増えたり吸引時間が延長したりすることによって低酸素血症を招く恐れがある．

（6）吸引の順番と鼻腔・口腔からの気管内吸引

　吸引は，一般的には鼻腔（咽頭も含む）⇒口腔（咽頭も含む）⇒気管の順にするのが理想的である．これは，鼻腔，口腔を先に吸引することにより，気管より上部に存在する分泌物が気管内へ再流入するのを防ぐことが期待できるからである．

　ただし，気管切開時の気管カニューレや挿管時の気管内チューブが挿入されていない場合の鼻腔・口腔からの気管内吸引については，感染予防の視点からは推奨できない．鼻腔・口腔からの気管内吸引は，口や鼻の常在菌などを気道に押し込む可能性がある．声帯を越えた下気道に対する吸引は清潔操作で行われるべきである[2]．

　よって，自力で痰などの分泌物を喀出することが困難な場合でも，できる限り分泌物の移動がスムーズになる条件を整えて排痰手技などを加え，咽頭レベルまで喀痰等を移動させてから吸引をするべきである．

(7) 吸引時間

1回の吸引時間は10秒程度とし，カテーテルの挿入開始から終了までの一連の時間は20秒以内とされているが，可能な限り短時間で行うように努める．また，繰り返し吸引が必要な場合は，吸引と吸引との間に深呼吸を2～3回行うと良い．

(8) 挿入の深さ

挿入の深さは，個人差もあるので，門歯または鼻先から胸骨上窩までを細いヒモやメジャーなどで実際に測定するのもひとつの方法である．成人では口腔内，鼻腔内ともに10～12cmを目安とし，声帯を越えないようにする．気管切開患者では12～15cm程度，気管チューブ先端からは3～5cmまでとし，吸引カテーテルの先端が気管分岐部に当たらない位置までとする．

(9) 吸引中の操作

吸引カテーテル挿入時は，これまでは接続部を折り曲げるなど吸引圧をかけない手順が勧められていたが，最近では，吸引圧をかけたままカテーテルを挿入する方法が推奨されている[3]．現在のところ，どちらも確固たるエビデンスはない．また，吸引効率を上げるために，カテーテルを引き戻す際に指先で紙を丸めるように回転させたり，ピストン運動をしたりする場合をみることがあるが，これらもエビデンスはない．特にピストン運動は危険であり避けるべきである[4]．

筆者は，低酸素血症に十分注意して，吸引圧をかけた状態のままでカテーテルを挿入し，痰を吸引し始めたところで挿入を止めて吸引する方法を推奨する（図3-3）．少なくとも経験の少ない理学療法士などは，まずは吸引操作を単純にして安全に行えることを重要視した方が良い

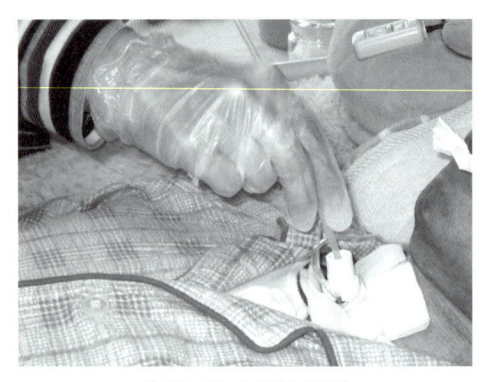

[図3-3] 気管内吸引
吸引圧をかけた状態のままでカテーテルを挿入し，痰を吸引し始めたところで挿入を止めて吸引する．

と考える[5]．

(10) 患者への声かけ

また実際に吸引を行う際の患者への対応として，意識のありなしに関わらず，吸引に関する説明をして，声かけをしてから実施し，吸引中に苦痛などがあるときは中断できることも伝え，患者に安心感を与えてから行うことが重要である．また，実施後の声かけやねぎらいの言葉も大切である．

(11) 吸引カテーテルの洗浄

吸引カテーテルの洗浄については，日本呼吸療法医学会の「気管吸引のガイドライン」[6]では，接続チューブの洗浄のみは水道水を使用して良いとされ，吸引カテーテルの洗浄には滅菌精製水または生理食塩水を用いるとしている．医療ケア関連肺炎防止のためのCDCガイドライン[4]では，再挿入するカテーテルの洗浄には滅菌水の使用を推奨している．

水道水には非定型抗酸菌やレジオネラが存在する場合があることから，気道に挿入するカテーテルを水道水で洗浄することは望ましくない．また，経口・経鼻吸引時の吸引カテーテル洗浄用に，水道水を用いている手順書もみられ

る[7]．しかし，水道水を使用する場合，汲み置きによる塩素濃度の低下からの雑菌繁殖の可能性があるので，在宅などでは注意が必要である[8]．

(12) 実際の手順

①エプロンとマスクを着用する．
②手指衛生（石鹸と流水または速乾性の消毒液を使用）をする．
③清潔な未滅菌の使い捨ての手袋を装着する．
④吸引用カテーテルを吸引器へ接続する．カテーテルの接続部位だけを袋から出して接続する．
⑤吸引圧を設定する．
⑥吸引カテーテルを袋から取り出す．吸引カテーテルを挿入する手でカテーテル先端から10～12cmくらいの部分を持って，先端が汚染されないようにする．
⑦吸引カテーテルを挿入し，分泌物などを吸引する．再度吸引が必要な場合は，単包アルコール消毒綿でカテーテルの外側を基部から先端に向かって拭き，カテーテルに滅菌蒸留水を通水してから行う．
⑧吸引後には，単包アルコール消毒綿でカテーテルの外側を拭き，滅菌蒸留水をカテーテルに通水する．
⑨手袋，エプロン，マスクを外し，吸引器のスイッチを切る．
⑩手指衛生を行う．

(13) まとめ

　吸引の実際について，関連する留意点も含め解説した．ただし，実際の手順については，統一された方法はないので，ひとつの例として捉えていただきたい．
　理学療法士等による喀痰等の吸引の行為が合法化された．しかし，吸引を行えるようになったということで，いたずらに実施するようなことは決してあってはならない．吸引は侵襲的医療行為であり，患者には苦痛が伴う処置であることを決して忘れてはならない．不用意または不必要な吸引は患者に苦痛を与え，合併症などを引き起こす可能性や場合によって生命に危険を及ぼすことがある．しかし，逆にもし必要な吸引を忘れば，これも最悪の場合は死に至らしめることもある[9]．よって，吸引を実際に行う際には，病状の悪化を未然に防ぎ，安全性を考慮した適正な手技で行うことはもちろん，十分なアセスメント能力を身に付けておく必要がある．

（高橋　仁美）

2. 口腔のケア

(1) 口腔のケアの必要性

　障害を持った方々の最後の楽しみが食事であることは広く知られている．すなわち「食べる」ことが損なわれることは，最後の楽しみを失うことを意味している．したがって，高齢者の生活の質を考えるうえで，「食べる」ことへの配慮は不可欠である．高齢になってもおいしく食事を摂るためには，口腔機能の低下を予防し，改善する口腔のケアが必要となる．口腔のケアの概念は口腔清掃，あるいは口腔内の衛生管理が基本だが，口腔が食べる・話す・呼吸する機能と感覚器としての機能をあわせ持っているため，口腔のあらゆる機能の保持・増進・回復への支援が含まれていると考えるべきである．

(2) 口腔のケアの実際

　平成23年度の歯科疾患実態調査[10]では「毎日みがく者」は95％を占め，歯を磨く回数も調査年次を重ねるごとに増加傾向にある．しかし日常的に行う歯磨きやうがいなど，口腔内を清掃することは一般に知られているが，加齢によって衰える口腔周囲の筋力の回復のための体操や，唾液の分泌を維持・改善させるためのマッサージはあまり知られていない．口腔内の清掃も，顔面のマッサージも，習慣的に継続して行うことが重要である．

　清掃状態が不良な口腔内には，プラークという細菌の塊がたくさん存在する．プラークは虫歯や歯周病の原因としてだけでなく，心疾患，脳血管系の疾患，糖尿病など全身疾患との関連も報告されている．プラークは歯の表面だけではなく，舌や口腔内の粘膜，義歯にも付着し，うがいだけでは除去することができない．歯ブラシや歯間ブラシやデンタルフロスなどの数多くある清掃用具から自分の口腔内に適したものを用いて，口腔内全体の清掃を行う必要がある．口腔内と同じように，義歯を使用している方は，義歯の清掃を行う．また，うがいを行うことは，口腔内や喉に付着したウイルスや細菌を排除することができ，風邪やインフルエンザなどのウイルス感染予防に効果的である[11]．

　さらに，高齢，脳血管障害・神経変性疾患などの治療後は身体的にも口腔にも機能低下がみられる．その場合，口腔のケアがより重要になる．

　例えば，嚥下障害の方が栄養を摂るために経管栄養を使うことがある．経管栄養は進歩し，胃瘻の普及も急速に進んでいる．また，間欠的経管栄養法といった，食事を摂るときだけチューブを使う方法も開発されている．経管栄養は栄養を摂取するために必要な方法だが，誤嚥性肺炎予防の効果は疑問視されている．口から物をとっていないからといって口腔のケアや嚥下訓練などを一緒に行わないと，誤嚥性肺炎をひき起こす危険性が大きくなる．つまり嚥下障害をかかえた対象者に経管栄養を用いたらそれで治療が終わるのではなく，治療が始まったと考えるべきなのである．

(3) 口腔のケアの指導

　セルフケアと介助によるケアとでは指導対象が異なるが把握する情報はほぼ同じで，それに対応した指導が必要である．ケアのタイミングや回数は患者の口腔のケアの必要度から考えることが重要だが，介護者および本人に一般的な口腔のケアの指導内容を伝えることも重要であ

る．まずは歯磨きの状態や歯間清掃用具の使用，義歯の使用などを知る必要性がある．歯磨きは朝晩の2回が一般的な習慣となっており，平成23年度の歯科疾患実態調査では2回以上歯を磨く方の割合は68％程度と報告されている[10]．しかし，歯間ブラシやデンタルフロスなどの歯間清掃用具の使用率は37％と低く，アメリカの74％と比較しても実施率に差がある[10, 12]．義歯の手入れに関しては約8割の方が毎日手入れをしていると報告されている．

(4) 口腔のケアの実施手順

a) 口腔のケアの評価

適切な口腔のケアを提供するには患者の評価をすることが最も重要である．評価の情報には，口腔のケアの必要度，全身の状態，口腔内の状態が含まれる．これらの情報を基に口腔のケアプランを作成し，口腔のケアを実施し，実施後に再評価することで問題点が明確となり，より適切な口腔のケアを患者に提供することができる．

b) 口腔のケアの準備

①清掃用具の準備

患者の口腔内の状況に合わせた清掃用具の準備が必要である．歯の清掃には歯ブラシ，歯間ブラシを，粘膜の清掃には粘膜用ブラシ（スポンジブラシ）を，舌苔除去には舌ブラシを用いる．歯ブラシは持ちやすさや使いやすさを考慮して選ぶだけで効果が違ってくる．本人が持つものは太めで握りやすく，介助者用は長めで細いものがおすすめである．使用後，歯ブラシはよく洗って乾燥させる．湿っていると細菌が増殖する．スポンジ製の清掃用具は不潔になるので再利用は行わない．

②声かけをして覚醒を促す

③体位設定をする

咽頭へ汚染物が流れないよう体位を整える．覚醒を促す効果もある．可能なら座位，座位が困難ならリクライニングで体位が安定するポジションを作り，顎を引かせる．起き上がるのが難しければ麻痺側を上にして側臥位にする．

④脱感作を行う

いきなり口腔を触るのではなく，声かけしながら口腔周囲筋のストレッチや唾液腺のマッサージを行う．また，口唇に乾燥があると開口時の出血などの原因となるため，水に湿らせたスポンジブラシに保湿剤を刷り込んだもので湿潤させる．

⑤入れ歯がある場合ははずして洗う（**図3-4**）

入れ歯はきれいに見えても汚れている．特に金具や粘膜を覆っているところは入れ歯専用のブラシを使って流水下で洗う．

c) 口腔のケア

できるだけ本人が実施し，できない部分と仕上げを介助者が手伝うようにする．

①口腔内の大きな汚れを除去する

咽頭へ汚物を落とさないように奥から手前へスポンジブラシを動かし除去する．

②口腔内を湿潤させる（**図3-5**）

水で湿らせ保湿剤を擦り込んだスポンジブラシを用いて汚れを湿潤させる．水分が多いと誤嚥のリスクとなるので，スポンジブラシの水分はよく絞って用いる．

＊使用方法＊
①ブラシの柔らかい方で義歯の内側など，広い面を磨く．
②硬い方のブラシは幅の狭い部分やクラスプ（金属のバネ），歯間部など細かい部分の清掃に適している．

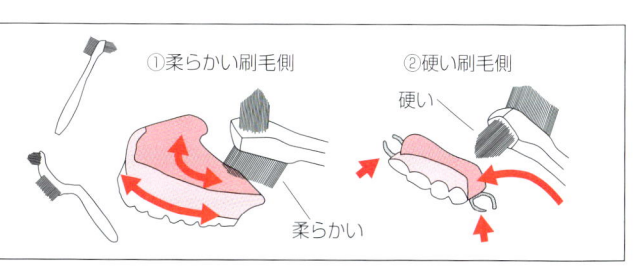

①柔らかい刷毛側　②硬い刷毛側

［図3-4］義歯用ブラシ

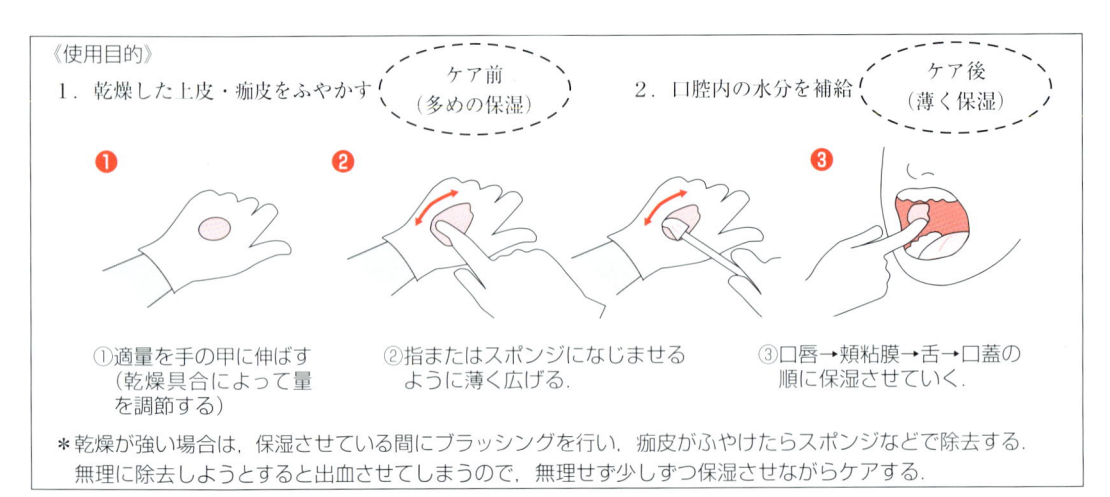

《使用目的》
1. 乾燥した上皮・痂皮をふやかす　ケア前（多めの保湿）
2. 口腔内の水分を補給　ケア後（薄く保湿）

❶ ①適量を手の甲に伸ばす（乾燥具合によって量を調節する）
❷ ②指またはスポンジになじませるように薄く広げる．
❸ ③口唇→頬粘膜→舌→口蓋の順に保湿させていく．

＊乾燥が強い場合は，保湿させている間にブラッシングを行い，痂皮がふやけたらスポンジなどで除去する．無理に除去しようとすると出血させてしまうので，無理せず少しずつ保湿させながらケアする．

[図3-5] 保湿剤

＊サイズの選択＊
歯間ブラシは歯間幅にあったサイズのものを選択する．

SSS	歯周炎の予防
SS	狭い歯間部の歯肉腫脹部位など
S	軽度の歯肉退縮部位 歯列不正部位など
M	歯肉退縮部位 ブリッジの周辺など
L	広い歯間空隙 歯根露出部位など

＊使用方法＊
①歯肉を傷つけないように歯肉に沿って斜めに挿入する．（図①）
②各歯面に合わせて向きを変え，前後に動かして汚れを除去する．（図②）

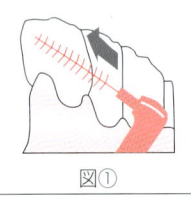

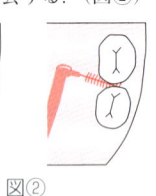

図①　図②

[図3-6] 歯間ブラシ

通常の歯ブラシだけのブラッシングでは歯と歯の隙間まで毛先が届かず，全体の約61％しか汚れが落としきれない．
しかし，右図のように，補助的清掃用具を使用することで，約85％もの汚れを除去することができる．
また，歯間部の食物残渣除去にも効果的である．

歯間部の歯周プラーク除去率
ブラッシングのみ　61％
ブラッシング＋フロス　79％
ブラッシング＋歯間ブラシ　85％
(％)

[図3-7] 補助的清掃用具が必要な理由

③歯を清掃する（図3-6）
　経口摂取していなくても歯は汚れている．上下顎前歯の裏側には汚れが溜まっていることが多く，固い汚れになっていることもある．汚れを湿潤させながら歯ブラシ，歯間ブラシを使って歯を清掃する（図3-7）．

《使用目的》
1. 保湿剤の塗布
2. 食物残渣，剥離上皮などの除去

① まず水分を含ませ，よく絞る．
（水分の垂れ込みによる誤嚥を防止するため）

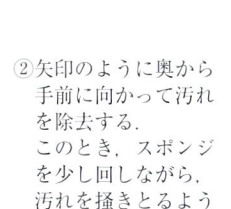

② 矢印のように奥から手前に向かって汚れを除去する．このとき，スポンジを少し回しながら，汚れを掻きとるように動かすと良い．

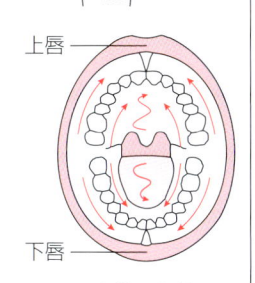

上唇
下唇

スポンジについた汚れを他の部位に広げないように，水またはウェットティッシュなどでスポンジをきれいに保ちながらケアする．

[図3-8] 口腔のケアのスポンジ

＊使用方法＊
舌を前へ出し，舌の奥の方から手前側へ，なでるように汚れを掻き出す．
強くこすると粘膜が傷ついてしまうので，優しく3〜5回程度に分けて使用する．

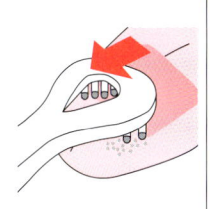

＊舌苔と口腔カンジダ症の違い＊

舌苔	口腔カンジダ症
舌の剥離上皮に食べかすや口腔内細菌が付着したものである．口臭の原因にもなる．	悪性腫瘍，血液疾患，免疫不全，抵抗力の低下している方，抗生物質による菌交代現象として発生する．口腔内の乾燥感や，自発痛を伴うこともある．

[図3-9] 舌ブラシ

④ 粘膜の汚れを除去する（図3-8）
　口腔内が湿潤し汚れが柔らかくなったらスポンジブラシで拭い取る．奥から手前へ優しくスポンジブラシを動かす．
⑤ 舌を清掃する（図3-9）
　舌ブラシを奥から手前へ動かして舌苔を除去する．一度に取りきれなくても舌を傷つけない程度の力でケアする．
⑥ 口腔内全体を清拭する（図3-10）
　食渣や水分が残っていないか確認しながらスポンジブラシ，口腔清拭シートなどで清拭する．
⑦ 誤嚥の疑いのある対象者には発声をしてもらい，湿声がないか確認する

（5）まとめ

　口腔領域で罹患率の高いう蝕や歯周疾患は，感染症であるとともに生活習慣病であるととらえることができる．セルフケアや介助によるケアによって，生涯にわたって口腔機能を維持し生活の質の

《使用目的》
1. 大きな食物残渣の除去
2. ケア後の口腔内のふき取り

❶ ① 口腔内清拭シートを指に巻きつける．
❷ ② スポンジと同じように，奥から手前に向かってふき取っていく．

＊口が開きにくい方には...＊

口角からティッシュを巻きつけた指を入れ，内側から頬をマッサージするように指を動かす．

↓
口の緊張がやわらぎ，開口しやすくなる．

[図3-10] 口腔内清拭シート

向上を目指せるようにすることが求められる．

（金森　大輔，伊藤　友倫子，藤井　航）

3. 摂食嚥下

(1) 摂食嚥下機能とは

　摂食嚥下とは，食物を認識し，口腔より咽頭，食道を経て胃に送られ栄養を得るための一連の過程を示し，人が生きていくうえで最も基本かつ大切な行為である．基本的な動作であるがために日常生活で大きな位置を占め，この機能が障害された摂食嚥下障害となると著しくQOL（Quality of Life）が低下する．摂食嚥下機能を低下させる原因は多岐にわたるが，その多くは脳に起因した疾患である（**図3-11**）．脳卒中においては，急性期には60％程度の症例で嚥下障害を認め[13]，慢性期においても10％程度で嚥下障害が残存する[14]と報告されている．したがって，高齢障害者では潜在的に摂食嚥下障害を伴っている方も存在すると理解しておかなければならない．また摂食嚥下機能が障害されると，誤嚥性肺炎，窒息，脱水，低栄養など生命の危機につながるため，摂食嚥下障害の有無を把握することはQOLを向上または維持させるためにもおさえなければならない必須項目と考えるべきである．

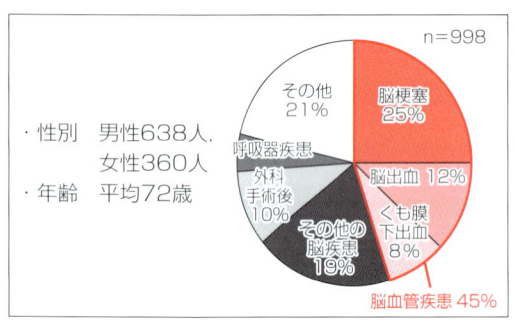

[図3-11] 摂食嚥下障害の原疾患
2006年9月から2010年3月の期間，藤田保健衛生大学医学部リハビリテーション医学I講座で嚥下回診中に嚥下内視鏡（VE）を行った原疾患の内訳

(2) 摂食嚥下の構成要素

　嚥下は複数の器官や筋が協調して起こる複雑な運動である．近年の研究によれば，ヒトの飲食活動における嚥下は一様でなく，複数の嚥下様式が存在する．ひとつは液体を丸飲みする際に認められる4期連続モデルで説明される命令嚥下様式[15]，もうひとつは固形物を咀嚼して，嚥下する際のプロセスモデルによって説明される咀嚼嚥下様式[16〜18]（**図3-12**）．さらに，咽頭

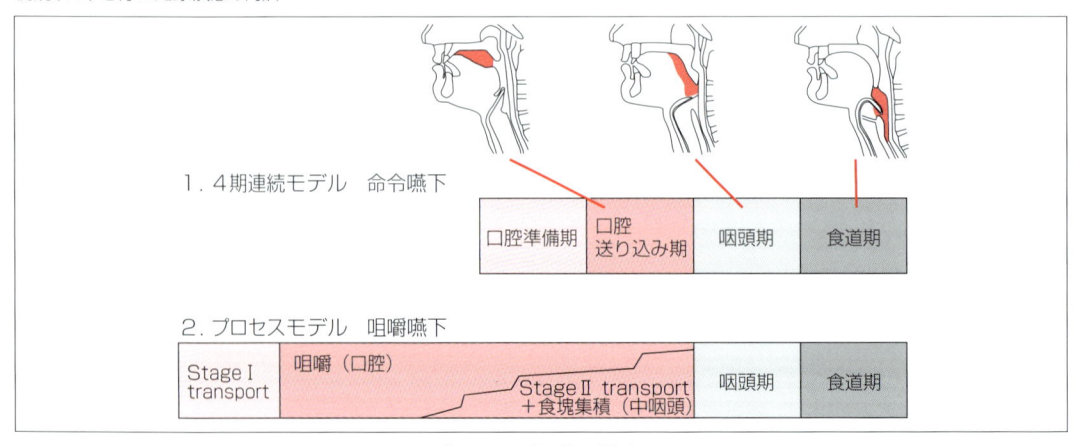

[図3-12] 嚥下様式

感覚刺激に対する気道防御的な咽頭期嚥下運動の存在も指摘されている[19]．

(3) 摂食嚥下と誤嚥

a) 摂食嚥下と呼吸の関係

咽頭は飲食物と空気の通り道になっており，嚥下では口腔から飲食物が食道へ，呼吸では鼻腔から空気が喉頭を通り肺に向かう．そのため両方の機能が協調することが重要となる．健常者であれば嚥下の際は，誤嚥を防ぐため喉頭は閉鎖され呼吸停止し，鼻腔への逆流を防ぐため鼻咽腔閉鎖が起きる（図3-13）．

b) 誤 嚥

誤嚥とは飲食物や唾液などが，声帯を越え気管に入ってしまう状態である．健常者であってもまれに起こるが咳嗽反射などにより喀出される．これを顕性誤嚥とよぶ．一方，咳嗽反射が起きない誤嚥もあり，それを不顕性誤嚥とよんでいる．不顕性誤嚥は外見上からの検査ではわかりにくいため機能的な評価が必要となる．誤嚥する物質によっても誤嚥の種類は分けられる．飲食物の誤嚥はMacro-aspirationといい，個々の患者に適切な飲食物を選ぶことで誤嚥を防ぐことができる．また，唾液や鼻腔口腔咽頭の分泌物，胃食道逆流による胃液などが睡眠中や気付かないうちに気管に垂れ込む誤嚥をMicro-aspirationといい，経口摂取をしていなくても起きるため，口腔咽頭のケアや胃食道逆流への対処が必要となる．

c) 誤嚥性肺炎

飲食物や唾液などを誤嚥し発症した肺炎を誤嚥性肺炎とよぶ．誤嚥性肺炎は誤嚥をしたからといって必ず起こるものではない．それは誤嚥した異物を咳嗽反射で喀出したり，粘液線毛運動により異物を排除するという，もともと体に備わった防御反応があるからである．高齢者や基礎疾患がある場合には，咳嗽反射の低下，線毛運動の障害が強くなり，誤嚥量が増大し，免疫の低下などにより誤嚥性肺炎が起こりやすい．脳卒中患者でVF上誤嚥を認めた群の11.9％が肺炎を併発し，誤嚥のない群の20倍の発症率であったという報告もある[20]．

誤嚥性肺炎を起こす細菌として，嫌気性菌ではPeptostreptococcus属，Prevotella属，Fusobacterium属などの頻度が高く，広義の嫌気性菌であるS. milleri groupが関与することもある．好気性菌では黄色ブドウ球菌が最も多く，クレブシエラ，エンテロバクター肺炎球菌，緑膿菌がこれに次ぐとされている[21]．これらの多くは口腔内に常在している．健常者の唾液中には約10^8個/mLの菌が常在しており，口腔衛生状態の悪化により細菌数の増加が起こる．口腔内の常在菌は嫌気性菌が主で，好気性菌は嫌気性菌の1/10〜1/100程度とされている．

(4) 摂食嚥下機能の評価

摂食嚥下機能評価，検査には，嚥下障害の有無を明らかにする「診断のための検査」と食物・体位・摂食方法などを調整して治療に反映させる「治療のための検査」の2つが存在する．診断のための検査としては反復唾液嚥下テスト[22]（図3-14），改訂水飲みテスト[23, 24]（図3-15），フードテスト[25]，簡易嚥下誘発試験[25]（図3-16），咳テスト[26]（図3-17）などが考案されており，さまざまな場面で用いられている．

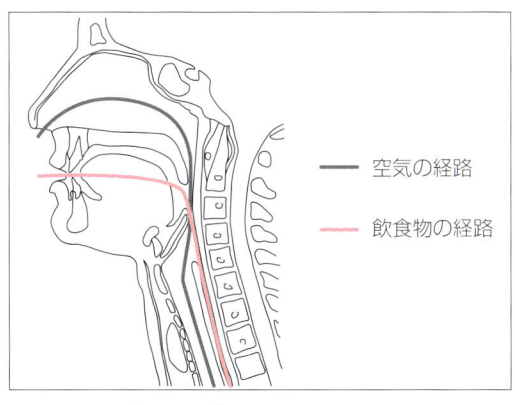

[図3-13] 摂食嚥下と呼吸

誤嚥有無のスクリーニングテスト．人差し指と中指で甲状軟骨を触知し，30秒間に何回嚥下できるかをみる．3回/30秒未満を陽性とする．嚥下障害患者では嚥下の繰り返し間隔が延長すると報告されている．

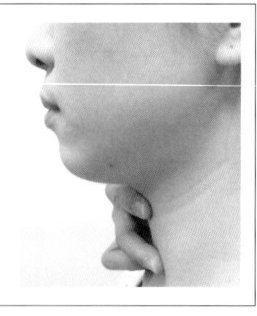

[図3-14] 反復唾液嚥下テスト

冷水3mLを口腔底に注ぎ嚥下を命じる．嚥下後反復嚥下を2回行わせる評価基準が4点以上なら最大2施行繰り返し，最も悪い場合を評点とする．
評価基準
1. 嚥下なし，むせるand/or呼吸切迫
2. 嚥下あり，呼吸切迫（Silent Aspirationの疑い）
3. 嚥下あり，呼吸良好，むせるand/or湿性嗄声
4. 嚥下あり，呼吸良好，むせない
5. 4に加え，反復嚥下が30秒以内に2回可能

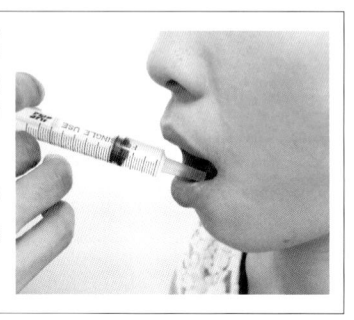

[図3-15] 改訂水飲みテスト

5Frの小児栄養チューブを鼻腔から約13cmまで挿入し，その先端が中咽頭にあることを確認した後，チューブより0.4mLないし2mLの蒸留水を注入し嚥下反射の誘発の有無と潜時を測定する．3秒以内に嚥下反射がみられた場合を正常反応とし，むせの有無も観察する．

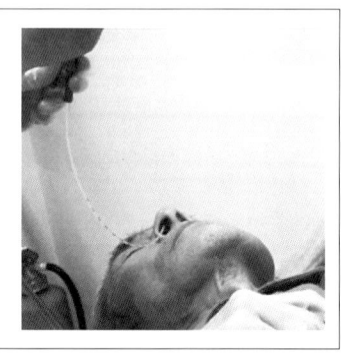

[図3-16] 簡易嚥下誘発試験

超音波ネブライザから1分間，クエン酸生理食塩水溶液を吸入させ，咳反応の有無を観察する．クエン酸濃度はクエン酸一水和物を使用し1.0重量％とする．施行の際，口で息をするよう指示し，1分間で咳が5回以上みられた時点で正常（陰性）と判定し，4回以下であれば異常（陽性）と判定する．

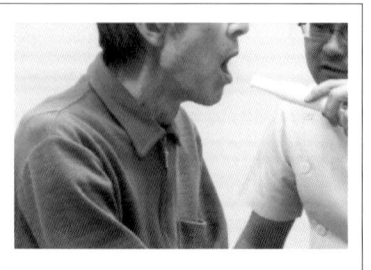

[図3-17] 咳テスト

しかし，治療のための検査として実用化されているものは，現在のところ嚥下造影検査（videofluoroscopic examination of swallowing；VF）（図3-18）と嚥下内視鏡検査（videoendoscopic evaluation of swallowing；VE）（図3-19）の2つである．これらは同時に診断のための検査としても使用できるため，実際の臨床の場でも広く使用されている．VFは舌骨の動き，喉頭挙上，喉頭蓋の動き，喉頭閉鎖，食道入口部開大などが観察可能で，最も信頼性の高い検査法といわれている．しかしVFは透視装置が必要なため病院などの施設での検査となる．VEは咽頭や喉頭の様子を直視下に観察でき，被曝せずに実際の食品を用いて嚥下機能評価が可能であるが，口腔や食道の嚥下運動を観察できない．また軟口蓋挙上または咽頭収縮によるホワイトアウトにより嚥下反射時の観察が不可能である．VEは持ち運びが可能なためベッドサイドで検査を行うことができ，在宅での検査によく用いられている．摂食嚥下障害の評価をし，食事摂取法や訓練の決定，維持期の経過観察を行うことが重要である．

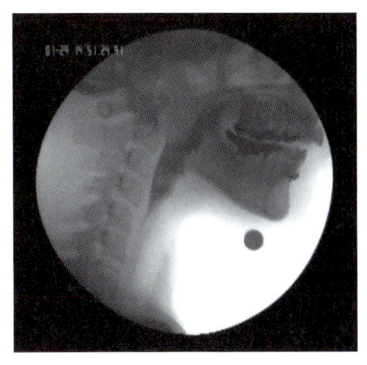

[図3-18] 嚥下造影検査

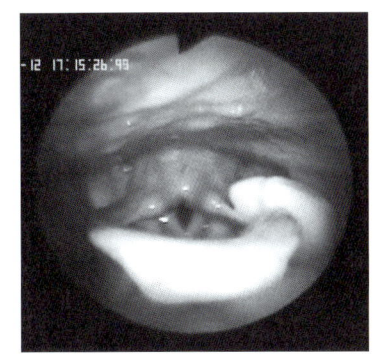

[図3-19] 嚥下内視鏡検査

（5）事例紹介

■事例1：71歳男性．右延髄外側脳梗塞（図3-20）．右上下肢失調，嚥下障害，構音障害を呈していた．初診時，意識清明で高次脳機能障害は認めなかった．反復唾液嚥下テストに3回，改訂水飲みテスト3点，であった．同日，VEを行い臨床重症度分類で食物誤嚥レベルであったため間接訓練が適応となった（図3-21）．

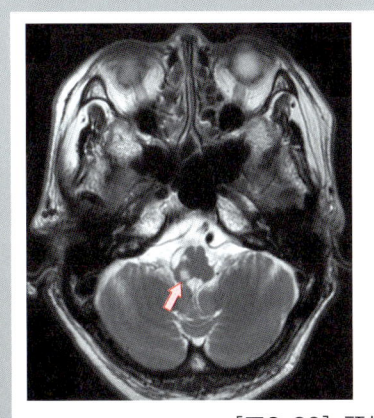

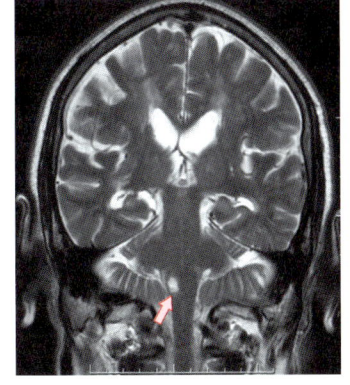

[図3-20] 頭部MRI（事例1）

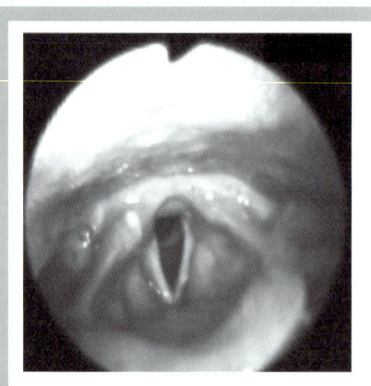

- 軟口蓋挙上不良
- 左側へのカーテン徴候
- 梨状窩唾液貯留
- 喉頭閉鎖不全
- 右咽頭収縮低下
- 右声帯麻痺
- 臨床的重症度分類：
  食物誤嚥レベル
  直接訓練は不可

[図3-21] VE（事例1）

対応

間接訓練では，喉頭閉鎖不全に対し喉頭閉鎖訓練を，咽頭収縮低下にはMendelsohn手技とShaker訓練を，食道入口部通過不全に対してはバルーン拡張訓練を行った．不顕性誤嚥を認めていたため口腔のケアを継続し，また口腔内残留が多く，口腔機能低下を認めたため，舌の運動，口唇頬部のストレッチを行った．3週間後の再評価では食道入口部開大不全が改善されており，頸部右回旋で食物残留をクリアすることが可能となり，経口摂取へ向けてペースト食を用いた直接訓練を開始した．直接訓練では食物調整，頸部回旋，Supraglottic swallow，交互嚥下を行い，誤嚥や排痰の喀出強化のために呼吸機能改善訓練も行った．6週後頸部回旋なしでは咽頭残留を認めるも誤嚥なく常食形態の摂取が可能となった．

■事例2：86歳男性．8年前よりレビー小体型認知症の診断．食事は主に胃瘻から摂取していた．かかりつけの病院においてVFで評価されており，液体誤嚥レベルであるが高次脳機能障害があり食への意欲も少ないため，経口摂取はお楽しみ程度が推奨されていた．

対応

初診時MMSE 11点で指示動作等には従うことができず摂食嚥下機能評価は不可能な状態であった．発熱はないものの咽頭貯留音があり，慢性的な不顕性誤嚥などが疑えた．指示に従える場合は排痰のために咳嗽を促し，ハフィングで喀出が可能となることが多いが，本症例では高次脳機能障害が存在し，指示動作に従えずうまくタイミングがとれず，またVerbalizationが起きてしまった．発声では排痰できなかったため，気管圧迫法で咳嗽反射を促し吸引を行った．本症例では飲食物ではなくMicro-aspirationが主の誤嚥と考えられたため，口腔のケアと呼吸リハビリを継続しながらお楽しみ程度の経口摂取を継続している．

（金森　大輔，加賀谷　斉）

4. 褥瘡予防

(1) 概　要

褥瘡とは体の接触面から受ける圧力によって，組織の末梢血管が閉塞し，壊死を起こす病態である．臨床における褥瘡の治療は「予防」「早期発見，即時に治療する」がキーワードである．しかし，訪問リハビリ場面では，どうしても避けて通れない課題のひとつである．

(2) 原　因

原因は，環境など外的要因と個体の内的要因が関係している．ただし，発生の詳細なメカニズムは十分にはわかっていない．

a) 外的要因

①圧迫力：持続的な圧迫により組織の血流が妨げられると圧迫部位は虚血を生じ，組織は壊死に陥る．骨突出部位などの毛細血管圧は30mmHg程度が目安である．分散しているところも，持続的に200mmHgで2時間ほど経過すると褥瘡を生じるとされる[27]．

②剪断力：いわゆる「ずれ力」や引っ張りのことで，これらが加わることで組織が引っ張られ，毛細血管の血流障害を生じる．ポジショニング，動作介助，ストレッチなどで注意する必要がある．

③不適切な床面：ベッドや車椅子座面など固い面，シーツ表面の凸凹．

④ベッドや車椅子などの傾斜：ギャッジアップの角度傾斜が不適切など，姿勢崩壊しやすく，仙骨部や尾骨に圧迫力や剪断力が働く．

b) 内的要因

①栄養：低アルブミン血症（血清アルブミン値が3.0～3.5g/dL以下で起こりやすい）

[表3-1] NPUAP分類

ステージ1	圧迫しても白くならない紅斑
ステージ2	表皮，真皮組織の部分的な欠損
ステージ3	筋膜に至る皮膚全層欠損
ステージ4	筋，骨，支持組織に及ぶ皮膚全層欠損

〔米国褥瘡諮問委員会，1989[28]〕

②体温：発熱がきっかけになる．

③浸潤：失禁や発汗異常など．皮膚から皮脂が奪われ起こりやすくなる．

④持続荷重：不動が原因

⑤感覚障害：長時間の圧迫や剪断力に気づきにくい．

⑥骨の突出：筋萎縮などでやせている場合．

⑦関節拘縮，変形：四肢や頸部体幹の可動制限が局所荷重を生みやすくなる．

(3) 褥瘡の評価

a) 深達度分類

米国褥瘡諮問委員会（NPUAP, 1989）分類を表3-1に示す．

b) 褥瘡経過評価

DESIGN-R（日本褥瘡学会学術教育委員会）[29]を表3-2に紹介する．重症度用と経過用があるが，ここでは経過用を紹介する．E～Pの6項目を0～66点で測定する．

c) 褥瘡発生予測

ブレーデンスケールを表3-3に紹介する[30]．合計点は6～23点となり，看護体制が整っている場合，14点以下，整っていない施設は17点以下で発生率が高いとされる．危険度によって，マットレス・クッションの硬度や材質，エアマットなどを選択する基準を設けるのが望ましい．

[表3-2] DESIGN-R（褥瘡経過用）

部位：（仙骨部・坐骨部・大転子・踵部・その他： ）	
D：深さ	日時（ ）
d-0：皮膚損傷・発赤なし　　　D-3：皮下組織までの損傷 d-1：持続する発赤　　　　　　D-4：皮下組織を越える損傷 d-2：真皮まで損傷　　　　　　D-5：関節腔，体腔に至る損傷 　　　　　　　　　　　　　　U：深さの判定が不能	
E：浸出液	
e-0：なし　　　　　　　　　　　　　　　　　　e-3：中等度（1日1回ドレッシング交換） e-1：少量（毎日のドレッシング交換はなし）　　E-6：多量（1日2回以上ドレッシング交換）	
S：大きさ「長径(cm)×長径の直交する最大経(cm)」	
s-0：皮膚損傷なし　　　　　s-9：36以上64未満 s-3：4未満　　　　　　　　s-12：64以上100未満 s-6：4以上16未満 s-8：16以上36未満　　　　S-15：100以上	
I：炎症／感染	
i-0：局所炎症症状なし　　　　　　　　　　　　I-3：局所の明らかな感染徴候あり（炎症徴候， 　　　　　　　　　　　　　　　　　　　　　　　　　膿，悪臭など） i-1：局所炎症徴候あり（創周囲の発赤，腫脹，　I-9：全身的影響あり（発熱など） 　　　疼痛）	
G：肉芽形成，良性肉芽が占める割合	
g-0：治癒あるいは創が浅いため評価不可　　G-4：創面の10%以上50%未満 g-1：創面の90%以上を占める　　　　　　　G-5：創面の10%未満 g-3：創面の50%以上90%未満　　　　　　　G-6：全く形成されていない	
N：壊死組織	
n-0：壊死組織なし　　　　　　　　　　N-3：柔らかい組織あり 　　　　　　　　　　　　　　　　　　　N-6：硬く厚い密着した組織あり	
P：ポケット「長径(cm)×長径の直交する最大経(cm)－潰瘍面積」	
p-0：ポケットなし　　　　　P-12：16以上36未満 P-6：4未満　　　　　　　　P-24：36以上 P-9：4以上16未満	
	合計

〔日本褥瘡学会，2013[29]〕

[表3-3] ブレーデンスケール

項目／スコア	1	2	3	4
感覚障害	脱失	重度障害	軽度障害	正常
浸潤	常に浸潤	きわめて浸潤	ときに浸潤	浸潤まれ
活動性	主に臥位	主に座位	ときどき歩行	頻繁に歩行
移動能力	寝たきり	きわめて制限	やや制限	制限なし
栄養	不良	どちらかというと不良	良好	きわめて良好
摩擦と剪断	体位変換時最大限の援助を要する	自由に動けるかまたは最小限の援助を要する	自由に動ける	

〔Braden et al., 1987[30]〕を一部改変〕

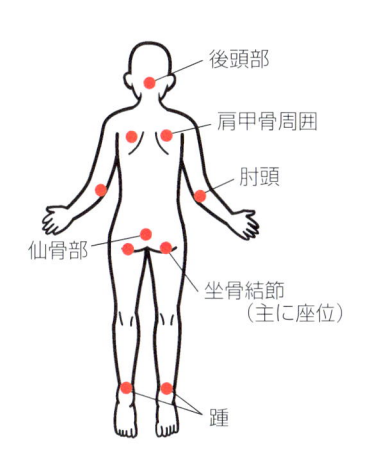

[図3-22] 背臥位(座位)の褥瘡好発部位

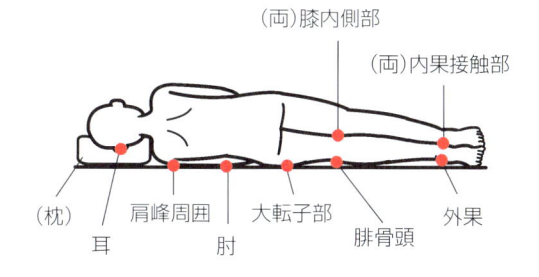

[図3-23] 側臥位の褥瘡好発部位

d) その他

日常生活活動のレベルや高次脳機能，運動麻痺，感覚障害の程度，体力，関節の可動域，筋緊張，筋・骨の形状，浮腫，疼痛部位などは十分チェックしておく．可能であれば，体圧分散を測定できるセンサーシート等で評価できると，肢位やクッションの選択に役立つ．

e) 好発部位

長時間とりやすい肢位によって若干異なる．また，既存の変形や拘縮（脳卒中後遺症の2回目など），疾患特性で局所荷重が出現する．一般的な部位を下記に示す．

①背臥位では，後頭部，肩甲骨周囲，肘頭，仙骨部，踵など（図3-22）
②側臥位では，耳，肩峰周囲，肘，大転子，腓骨頭，両膝内側部，外果，内果など（図3-23）
③座位（車椅子など）では，坐骨結節部，仙骨，肩甲骨周囲，踵など

（4）褥瘡の予防・管理

基本的には褥瘡要因（外的・内的）の除去を，アセスメントをもとに対処していくことである．

a) 体圧分散

好発部位に圧迫，剪断力が長時間集中しないよう，肢位の調節，マットレス，クッションを工夫し，除圧動作を常に意識する．既存障害などで局所に荷重しているような場合，枕（大小，厚さ）やスポンジなどで体圧分散するよう実施する．また，その対象者に合った，ポジショニング（半臥位：30°回転位など）を考えて行う．

車椅子乗車の姿勢も中枢神経疾患の患者などは姿勢崩壊を起こすため，初期に適正姿勢であっても，徐々にずれるときがあり，肢位を定期的にチェックする（図3-24）．リクライニングでは，座面（全体）の傾斜やリクライニング角度，フットレストの高さなどで，圧分散を調節する（図3-25）．

b) ギャッジアップ

ベッドのギャッジアップ後は圧迫があったり皮膚のズレが多く発生するため，マットと身体の間に手を入れて，圧迫をとる肢位にする．またシーツや寝具のよれなどもチェックする．

c) 理学療法

体位変換につながる身体移動の練習やプッシュアップなどの動作を指導する．また，患者や重症度にもよるが，血流改善に温熱療法を一部利用することもある．

d) 体位交換

自力での寝返りなどできない場合，体位交換が必要．最低でも2時間に1回の割合で行う．

e) 皮膚管理

仙骨部などは尿や便で汚れている場合があり，清潔に保つ必要がある．また，オムツの使用時は乾燥に留意する．

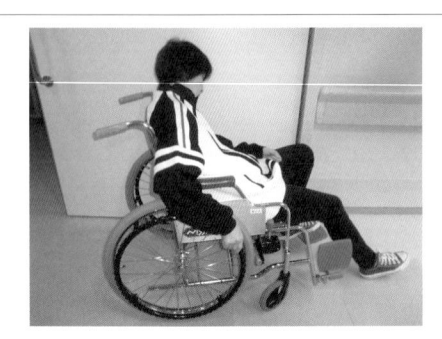

（悪い例）
感覚障害や空間定位の障害などで,不良姿勢になり,浅い座りになることで,仙骨部に圧迫が生じる.

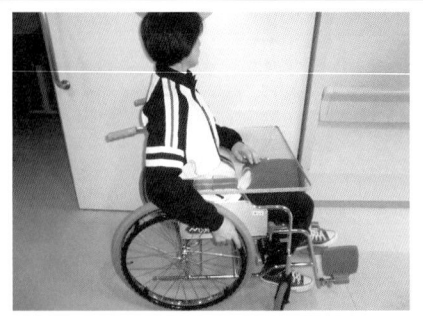

（良い例）
股関節が90°近くになり,座面設置面積拡大により仙骨部への圧迫が少なくなる.オーバーテーブルの利用で姿勢保持が楽になることもある.

[図3-24] 車椅子乗車での姿勢について

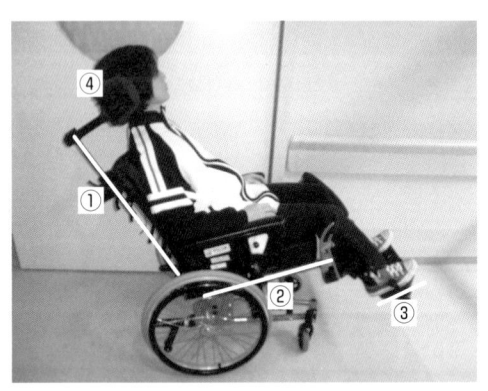

[図3-25] リクライニング式車椅子乗車での姿勢について
リクライニングの角度(①)と座面傾斜(②)で仙骨部の圧迫を回避する調整を図る.またフットレストの位置で大腿部の接触を調節(③),ヘッドレストの位置(④)でも頸部・体幹の調整を図る.

f) 特殊用具の使用

マットレスには除圧のできる種々の材質があり,ブレーデンスケールなどを参考にエアマットなどを選択する.なお,マットレスなどで除圧するということはトレーニングや座位などの安定性には不利益な場合があり,一時的に硬度を変えるなど工夫する.車椅子でもゲル状のものや特殊クッション,低反発など除圧できるものも複数あり,患者に合わせ選択する.

（髙見　彰淑）

5. 自主トレーニング

(1) 自主トレーニングの意義

　自宅での安静や不活発な生活は，廃用症候群をもたらす．特に高齢者は廃用症候群になりやすいので，閉じこもりや寝たきりを防止するためにも，日常生活において運動をとり入れたり身体活動を高めたりすることが重要となる．運動機能のレベルにもよるが，歩行が可能な場合にはウォーキングや軽いスポーツを習慣化することや，ボランティアやサークル活動などを通じて積極的に外出の頻度を増やして身体活動を向上させる機会を作ることが推奨される．一方で外出が困難なケースには，移動動作能力の維持・改善のために自主トレーニングを行うことで，廃用症候群を予防することが大切となる．
　実際にトレーニングを行う際には全身状態を確認することが重要である．例えば糖尿病のあるケースでは低血糖を起こす恐れがあるし，寝不足などによる体調不良があると転倒のリスクも高くなる．よってトレーニング前のリスク管理は確実に行われる必要がある．以下に運動機能のレベル別に自主トレーニング例を提示するが，リスクには十分に注意して指導しなければならない．

(2) 他動的な起き上がりが可能なレベル

　ベッド上で可能な運動は，下肢挙上運動（SLR）（図3-26），ブリッジ（図3-27），腹筋強化（図3-28）などがある．高齢者における大腿四頭筋と腹筋群の筋力低下は，起居動作や歩行能力の低下につながることが多い．また

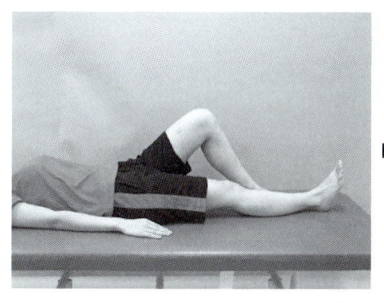

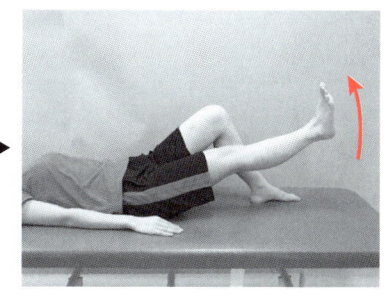

[図3-26] 下肢挙上運動(SLR)

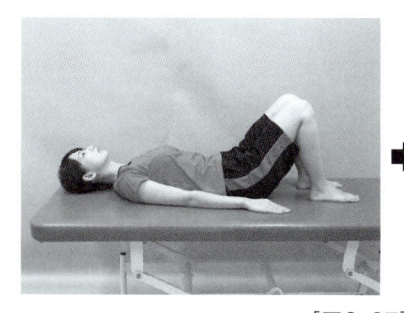

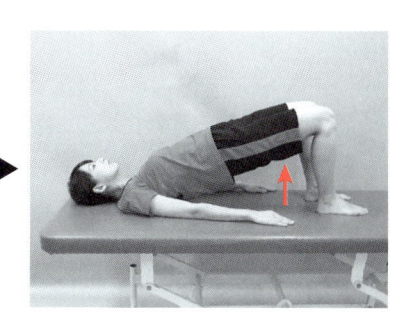

[図3-27] ブリッジ

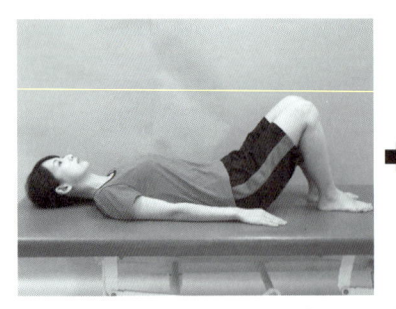

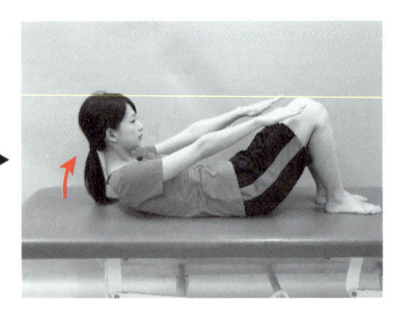

[図3-28] 腹筋強化

[図3-29] 上肢をフリーにした端座位

更衣動作においてはブリッジによる大殿筋の強化も有効である．したがって，臥位状態でもこれらのトレーニングによって，大腿四頭筋，腹筋群，大殿筋を強化することが重要となる．また，臥床時間が長くなると，姿勢保持のために必要な抗重力筋の筋力低下が進むので，食事の時間を利用するなどして座位の時間をできるだけ増やす工夫も必要とされる．

（3）座位が可能なレベル

背もたれにもたれた座位と背もたれにもたれない座位では，脊柱起立筋などの筋活動が大きく異なる．座位が可能なケースでは，背もたれにもたれさせない時間をできるだけ作ることで脊柱起立筋が働きやすくなる．また，座位姿勢を安定させるため上肢を支持として使っている場合には，上肢をフリーにすることで，抗重力筋の筋力強化やバランス能力の向上により有効となる（図3-29）．

座位が可能なケースでは，起居動作や歩行能力の改善には大腿四頭筋の筋力強化が大切となる．負荷を与えないトレーニング(**図3-30A**)，重錘バンド（**図3-30B**）やチューブ（**図3-30C**）を利用して負荷を与えたトレーニングを筋力に応じて行わせる．股関節外転筋強化も重要で，股関節の支持性を高め，立位バランスにも影響する（**図3-31**）．また，座位になると足部の浮腫を生じる例に対しては，足部の底背屈を行わせるのも効果的である（**図3-32**）．

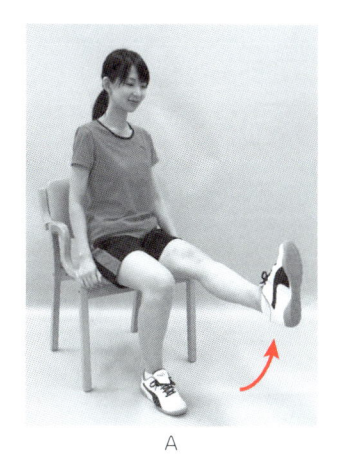

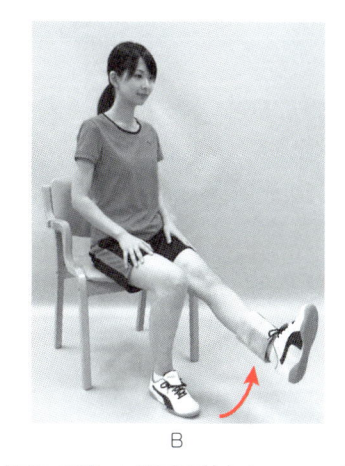

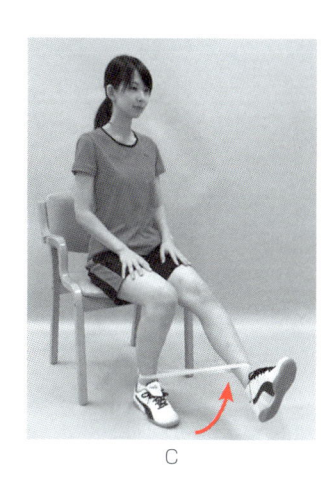

[図3-30] 大腿四頭筋トレーニング
A：負荷なし，B：重錘バンド利用，C：チューブ利用

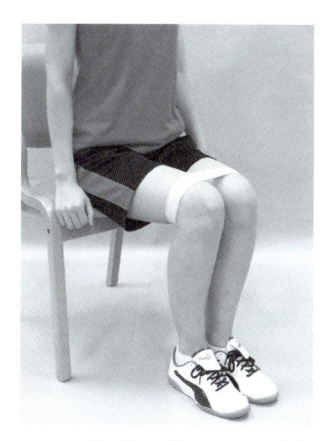

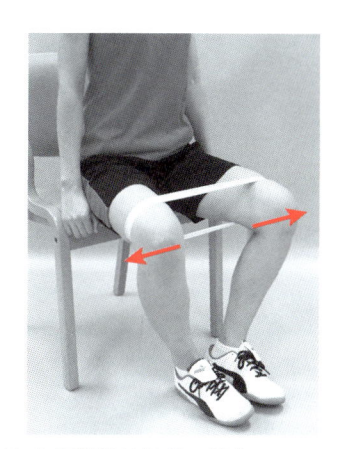

[図3-31] チューブを利用した股関節外転筋の強化

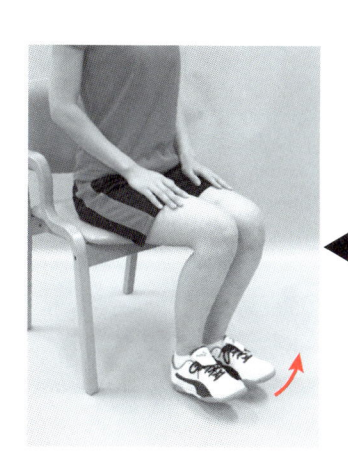

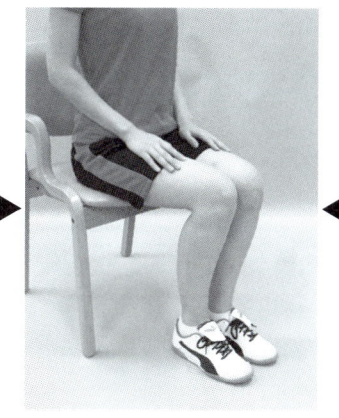

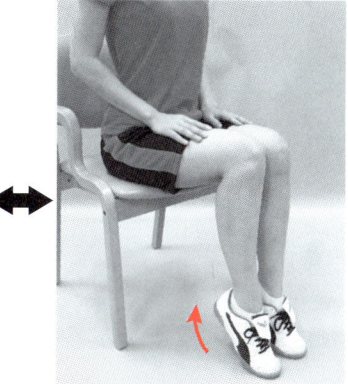

[図3-32] 足の底背屈運動

（4）立ち上がりに介助が必要なレベル

自力で立ち上がりが困難な場合は、テーブルや手すりなどを利用して上肢で体幹を支持し、十分に前傾して立ち上がるよう指導する（図3-33）。大腿四頭筋などの抗重力筋の筋力低下が強く、車椅子などの座面の高さからの立ち上がりが困難なケースでは、座面に座布団などを敷いて、座面を高くしてから行わせることで、立ち上がりが可能となることが多い。高い座面から支持物を利用して、自力で立ち上がりが可能になったら、徐々に座面を低くしたり、ベッドの高さを調整できる場合には、高い位置から徐々に低くしたりすると良い。

また、立ち上がり動作における殿部挙上と殿部挙上位からの横移動は、車椅子などへの移乗動作の自立にも有効となる（図3-34）。

（5）立位は可能だが、歩けない対象者

日常生活の中で手すりなどを利用して、立位の時間をできるだけ増やす工夫が必要である。さらに、スクワット（図3-35）、つま先立ち（図3-36）、足踏み（図3-37）などを行って、抗重力筋の筋力強化やバランス練習を行い、手すりなどを利用しての歩行へとつなげるようにする。歩行が可能となったら、転倒に注意して、トイレへの往復、食卓までの往復などと歩行する機会を増やして、日常生活の中でできるだけ歩行の時間を多くするよう指導する。

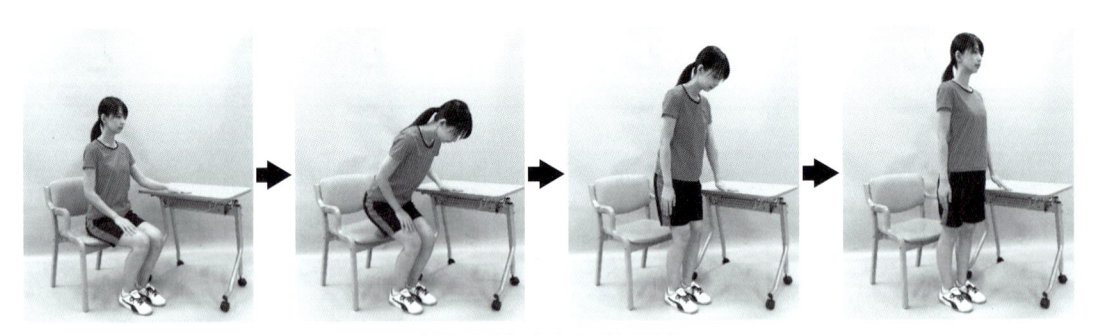

［図3-33］立ち上がり運動

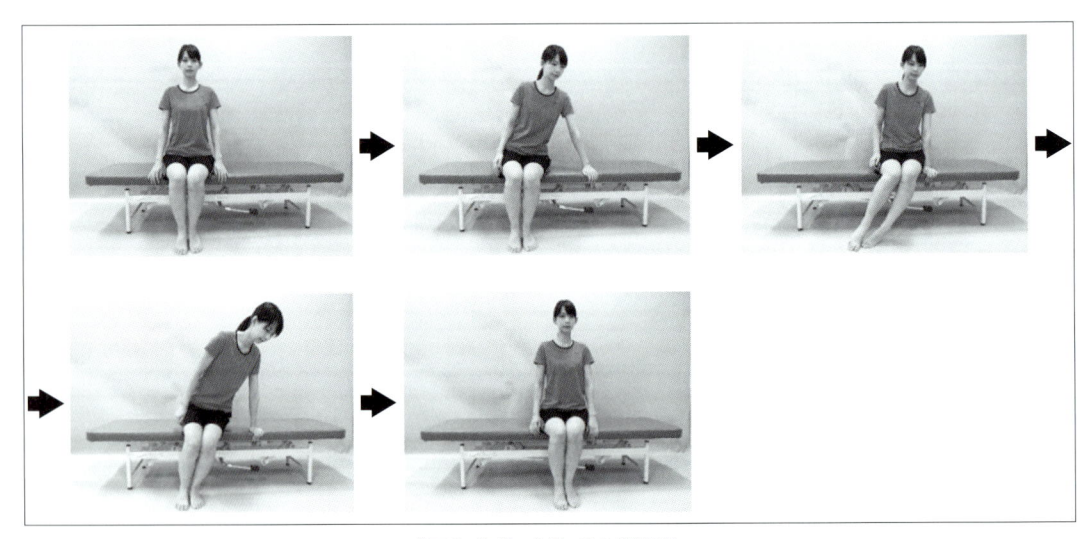

［図3-34］座位での横移動

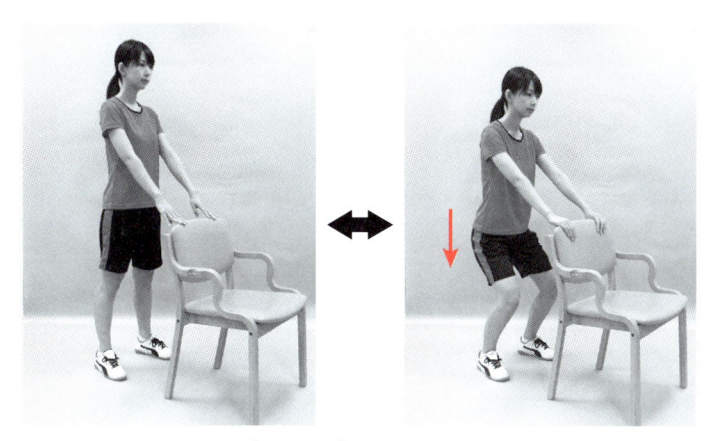

第3章　訪問・通所リハビリテーションに必要な技術と指導　79

［図3-35］スクワット

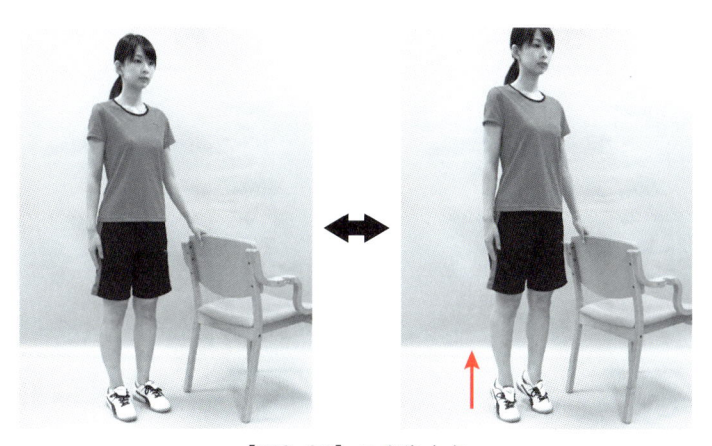

［図3-36］つま先立ち

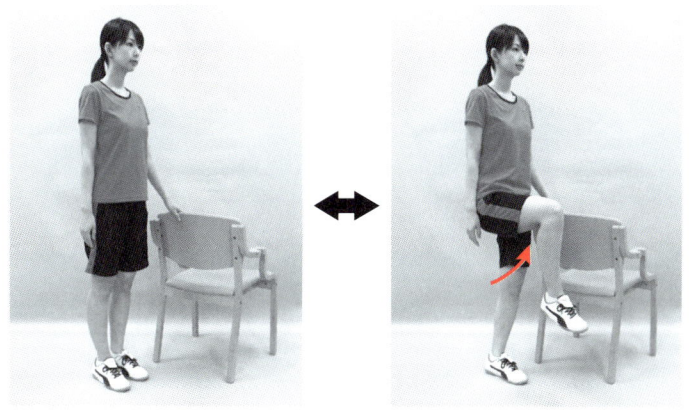

［図3-37］足踏み

（6）体操

　体操には，腰痛体操，転倒予防体操などいろいろな種類がある．複数の運動で構成したものをひとつにまとめられているのが一般的である．ここでは筆者らが考案したストレッチ，筋力強化，有酸素運動から構成される，道具を使わない「座ってできるCOPD体操」を紹介するが，COPD（慢性閉塞性肺疾患）に限らずに応用が可能である．個々のケースのそれぞれの目的に応じて適応していただきたい．

a）ストレッチ

前胸部と背部

①鼻から息を吸いながら，頭を後ろに倒し，両手を後方に引く（**図3-38A**）．
②口から息を吐きながら，頭を前に曲げ，背中を丸める（**図3-38B**）．

側胸部

　口から息を吐きながら，頭にあてた方の肘を持ち上げる（**図3-38C**）．反対側も同様に行う．

肩甲帯

　口から息を吐きながら，頭と上部体幹を一方に捻る（**図3-38D**）．反対側も同様に行う．

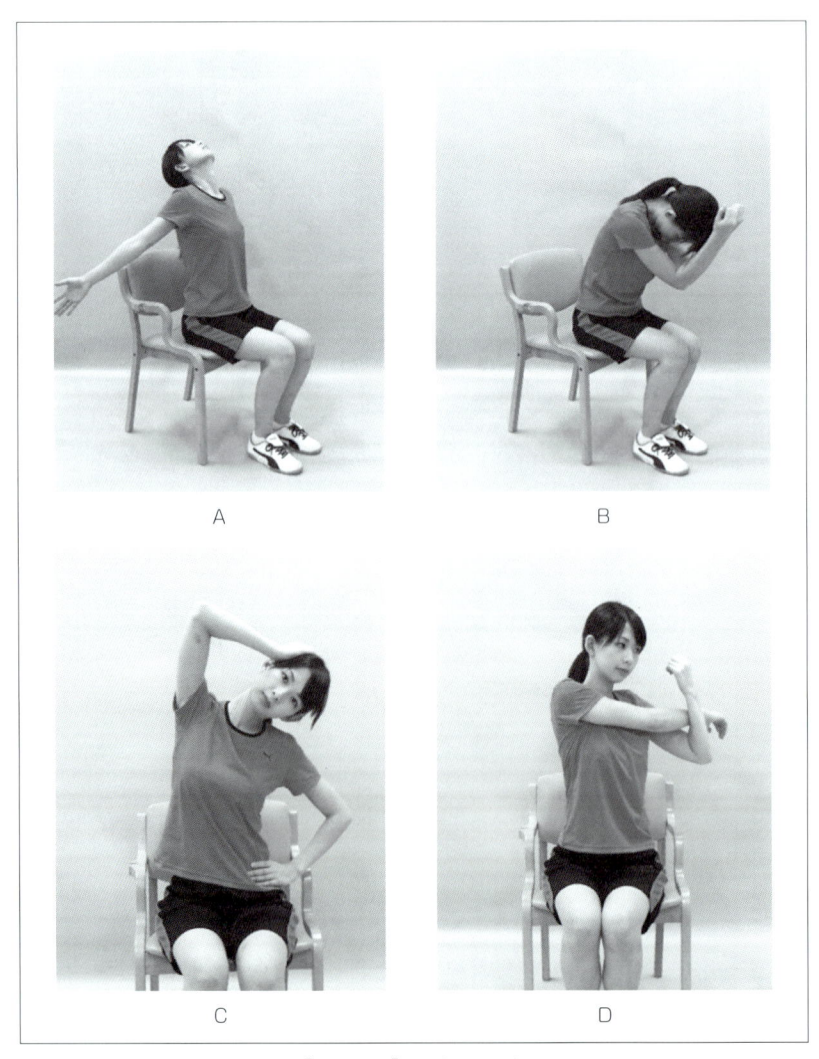

[図3-38] ストレッチ
A：前胸部，B：背部，C：側胸部，D：肩甲帯

b）上下肢の筋力トレーニング

上肢筋力トレーニング

①両手を背屈して真横に伸ばし，口をすぼめて息をはきながら，上肢の伸展筋の等尺性収縮を6秒間行う（**図3-39A**）．

②次に正面に手を伸ばして同様に行う（**図3-39B**）．

下肢筋力トレーニング（大腿四頭筋）

①足首のところで両足を交差させ，上になっている足で下になっている足を押さえ，口をすぼめて息をはきながら，大腿四頭筋の等尺性収縮を6秒間行う（**図3-39C**）．

②足を組み替えて，反対側も同様に行う．

下肢筋力トレーニング（抗重力筋全体）

①椅子のふちを両手で握り，下肢は床を踏ん張るように力を入れ，口をすぼめて息をはきながら，下肢の抗重力筋の等尺性収縮を6秒間行う（**図3-39D**）．

c）有酸素運動

前後ステップ

片足を前方に出して踵を床につけて，再び足を元の位置に戻す動作を繰り返す（**図3-40A**）．

左右ステップ

左右方向へのステップも同様に行う（図

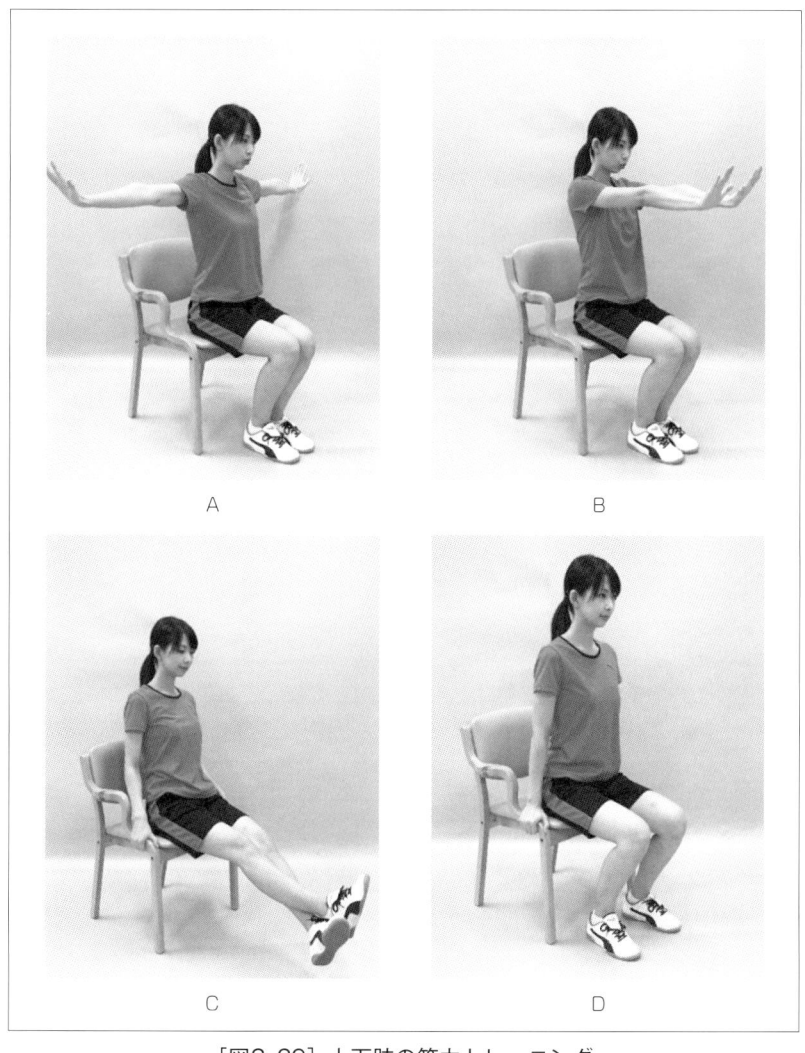

[図3-39] 上下肢の筋力トレーニング
A：上肢(前方)，B：上肢(側方)，C：大腿四頭筋，D：抗重力筋全体

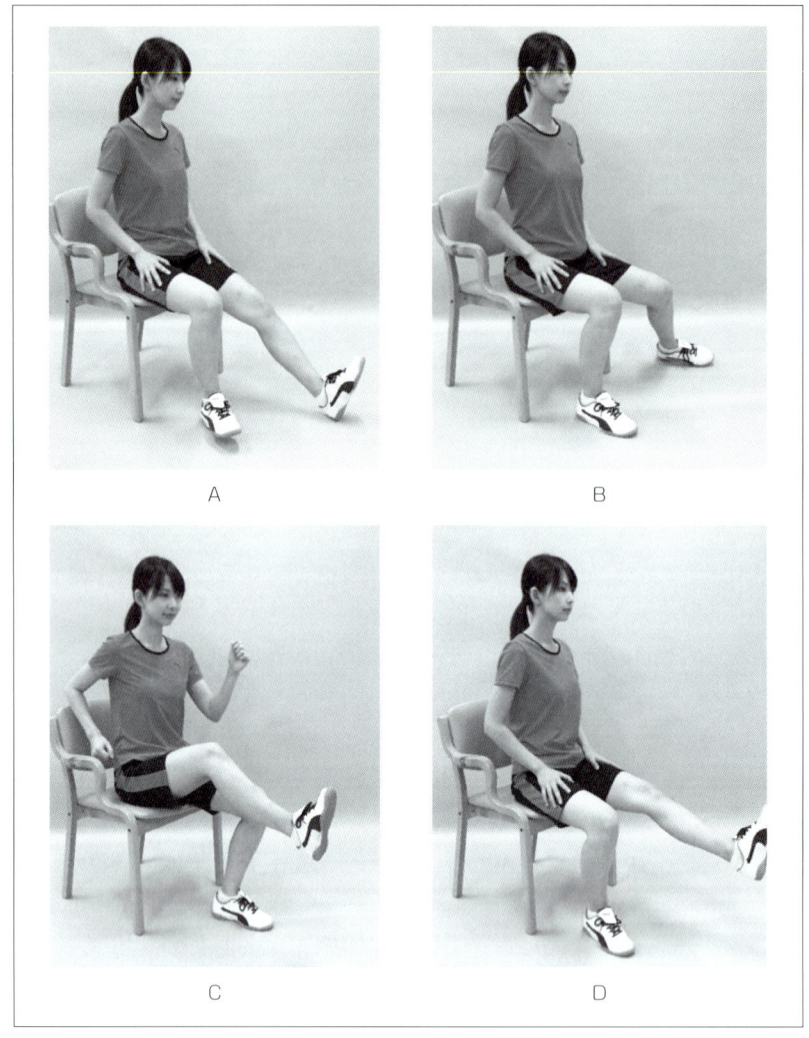

[図3-40] 有酸素運動
A：前後ステップ，B：左右ステップ，C：椅子歩行，D：膝伸展

3-40B)．

椅子歩行
　一側の上肢を前方，他側の上肢を後方に振り，歩く動作を繰り返す（図3-40C）．

膝伸展
　片足を上げ，膝を伸展させて，再び足を元の位置に戻す動作を繰り返す（図3-40D）．
　以上の有酸素運動は，4つの動作をそれぞれ2〜2.5分ずつ，2セット程度を目安に行う．

（7）一般的な注意事項

　トレーニングを行う際は，軽いレベルの運動から開始し，徐々に負荷を強くしてモチベーションを維持するように行う．身体機能やその日の体調に応じて回数や負荷量を調整することも必要である．
　トレーニング前に，発熱，頭痛，咽頭痛，胸痛，腹痛，下痢，めまい，吐き気，倦怠感，息切れ，睡眠不足，イライラなどの症状などがあったら，無理せずにその日の運動は中止する．運

動中にも無理せず自分のペースで行って，なんらかの異常を感じたときにも中止する．運動後には，疲労感，関節痛，筋肉痛などがないかなどの体調のチェックをする．

　寒暖などの環境面にも配慮を要する．空腹時や食後は避け，ウォーミングアップとクーリングダウンを行い，十分な休息をとるように心がけ，水分補給にも注意する．

（高橋　仁美）

●●第3章　参考文献●●

1) 髙橋仁美：フィジカルイグザミネーションの実際．フィジカルアセスメント徹底ガイド呼吸（髙橋仁美・他編），pp24-63，中山書店，2009．
2) 髙橋仁美：入門講座　理学療法と吸引―実施にあたり確認しよう①．基本編①　吸引手順と理学療法士が注意すべき事項　－口腔・鼻腔内吸引．理学療法ジャーナル，46：61-67，2012．
3) 道又元裕：吸引の危険性とその対策．ナーシング・トゥデイ，25：31-42，2010．
4) 矢野邦夫（訳）：医療ケア関連肺炎防止のためのCDCガイドライン．メディカ出版，2004．
5) 髙橋仁美：入門講座　理学療法と吸引―実施にあたり確認しよう②．基本編②　吸引手順と理学療法士が注意すべき事項　－気管吸引（挿管下・気道切開例）．理学療法ジャーナル，46：159-165，2012．
6) 日本呼吸療法医学会コメディカル推進委員会気管内吸引ガイドラインワーキンググループ：気管吸引のガイドライン．2007．
7) 日本看護協会教育委員会（監修）：看護場面における感染防止．インターメディカ，2007．
8) 髙橋仁美・他：吸引と呼吸管理　喀痰吸引実際．理学療法学，38：471-476，2011．
9) （社）日本理学療法士協会内部障害理学療法研究部会呼吸班：吸引プロトコール　第2版．（社）日本理学療法士協会．2010．
10) 厚生労働省：平成23年歯科疾患実態調査．2012．
11) Abe S, et al.：Professional oral care reduces influenza infection in elderly. *Arch Gerontol Geriatr*, 43：157-164，2006．
12) World Health Organization：Comparing oral health care systems：a second international collaborative study. 1997．
13) Hinchey JA, et al.：Formal dysphagia screening protocols prevent pneumonia. *Stroke*, 36：1972-1976，2005．
14) 才藤栄一・千野直一：脳血管障害による嚥下障害のリハビリテーション．総合リハビリテーション，19（5）：611-615，1991．
15) Leopold NA, Kagel MC：Swallowing, ingestion and dysphagia: a reappraisal. *Arch Phys Med Rehabil*, 64：371-373，1983．
16) Palmer JB：Bolus aggregation in the oropharynx does not depend on gravity. *Arch Phys Med Rehabil*, 79：691-696，1998．
17) 柴田斉子・他：意志による嚥下抑制および咀嚼が嚥下反射惹起に与える影響．日本摂食・嚥下リハビリテーション学会雑誌，10：52-61，2006．
18) 松尾浩一郎・他：咀嚼及び重力が嚥下反射開始時の食塊の位置に及ぼす影響．日本摂食・嚥下リハビリテーション学会雑誌，6：179-186，2002．
19) 金森大輔・他：孤発的咽頭嚥下における舌骨運動．

日本摂食・嚥下リハビリテーション学会雑誌, **13** (3)：192-196, 2009.
20) Teasell RW, et al.：Pneumonia as- sociated with aspiration following stroke. *Arch Phys Med Rehabil* **77**：707-709, 1996.
21) 日本呼吸器学会市中肺炎診療ガイドライン作成委員会（編）：成人市中肺炎診療ガイドライン. pp44-45, 2007.
22) 小口和代・他：機能的嚥下障害スクリーニングテスト 反復唾液嚥下テスト(the Repetitive Saliva Swallowing Test: RSST) の検討 (2) 妥当性の検討. リハ医学, **37**：383-388, 2000
23) 窪田俊夫・他：脳血管障害における麻痺性嚥下障害 ースクリーニングテストとその臨床応用についてー. 総合リハ, **10**：271-276, 1982.
24) 才藤栄一：平成11年度厚生科学研究費補助金（長寿科学総合研究事業）「摂食・嚥下障害の治療・対応に関する統合的研究」総括研究報告書 摂食・嚥下障害の治療・対応に関する統合的研究. 平成11年度厚生科学研究費補助金研究報告書, pp1-18, 1999.
25) Teramoto S, et al.：Simple two-step swallowing provocation test for elderly patients with aspiration pneumonia. *Lancet* **353**：1243, 1999.
26) 若杉葉子・他：不顕性誤嚥のスクリーニング検査における咳テストの有用性に関する検討. 日本摂食・嚥下リハビリテーション学会雑誌, **12**：109-117, 2008.
27) 落合慈之：リハビリテーションビジュアルブック. pp413-416, 学研, 2011.
28) National Pressure Ulcer Advisory Panel：Pressure ulcers prevalence, cost and risk assessment: consensus development conference statement. *Decubitus* **2**：24-28, 1989.
29) 日本褥瘡学会：「DESIGN」重症度と経過評価のツール. 2013.〈http://www.jspu.org/jpn/info/design.html〉〔2015年5月15日最終確認〕
30) Braden B, Bergstrom N：A conceptual schema for the study of the etiology of pressure scores. *Rehabil. Nurs*, **12**：8-16, 1987.
31) 高橋仁美・金子奈央：リハビリテーション・ホームエクササイズ CD-ROM付. 医歯薬出版, 2014.

第4章

訪問・通所リハビリテーションに必要な知識

1. 気管カニューレ管理
2. 在宅酸素療法
3. 在宅人工呼吸療法
4. 経管栄養
5. 膀胱内留置カテーテル管理
6. 水分補給（脱水症・熱中症）
7. 認知症
8. 看取り

1. 気管カニューレ管理

（1）目的・適応

気管カニューレは上気道狭窄・閉塞に対する気道確保や、気道内分泌物の除去、呼吸不全の長期呼吸管理などで使用される（図4-1）。神経筋難病、脳血管障害後遺症、慢性呼吸器疾患、長期の意識障害などで多く使用される。

（2）カニューレの種類（図4-2）

a）単管と複管

痰が多くカニューレ内腔が閉塞しやすい場合は複管（二重管）を使用する。ただし複管の場合は内径が狭くなる。内管は、長時間抜きっぱなしにすると外筒内面に痰が付着し、再度内管を挿入する際に、気管内に落としてしまうことになるので注意を要する。

b）カフの有無

カフの役割は気管壁とチューブの間のリーク防止で、上気道と下気道を遮断して、人工呼吸を行ってもその圧が上気道に漏れることなく有効な換気が行われることである。誤嚥防止効果は100%ではないので、口腔のケアや吸引が必要である。

カフ圧は20～35mmHgが適当といわれている。圧が高いとカフと接触している気管粘膜の壊死、出血や肉芽形成の原因となり、最悪のときは穿孔し「気管食道瘻」となる。

c）カフ圧調整機構付きカニューレ（ランツシステム）

定圧バルブ付きカニューレといわれ、カフ圧を適正に保つ働きがある。

d）側孔付きカニューレ（スピーチカニューレ）

カニューレの湾曲部の部分に孔があいている。このカニューレの外孔を指などで防ぐと喉頭の方に空気が漏れて発声できる。また指でおさえなくても弁を使うものもある。一方弁は吸気時には開き、吸気時に閉じるようになっている。

e）カフ上部吸引チューブ（サイドチューブ）の有無

吸引ライン付きカニューレはカフの上部に貯留した唾液などを吸引除去できる。主に吸引用として使用される。スピーチライン付きカニューレはカフ上部、すなわち声門下に空気などを送り発声させることもでき、送気管としても使用される。

f）特殊形状カニューレ：カフスボタン型カニューレ（レティナ）

気管切開孔を維持したいが上気道狭窄や軽度

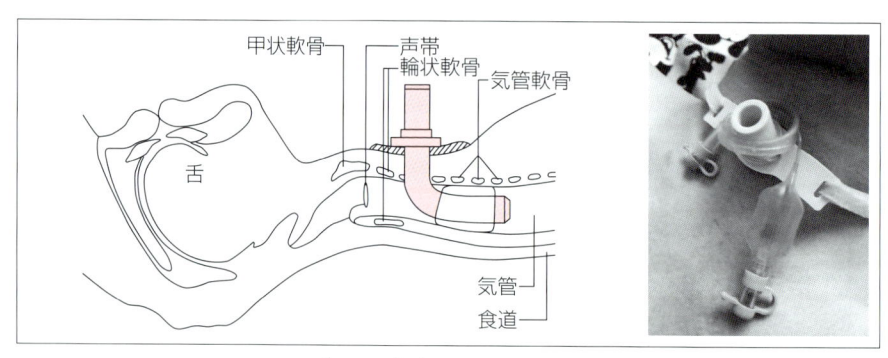

[図4-1] 気管カニューレ

第4章 訪問・通所リハビリテーションに必要な知識

[図4-2] いろいろな気管カニューレ

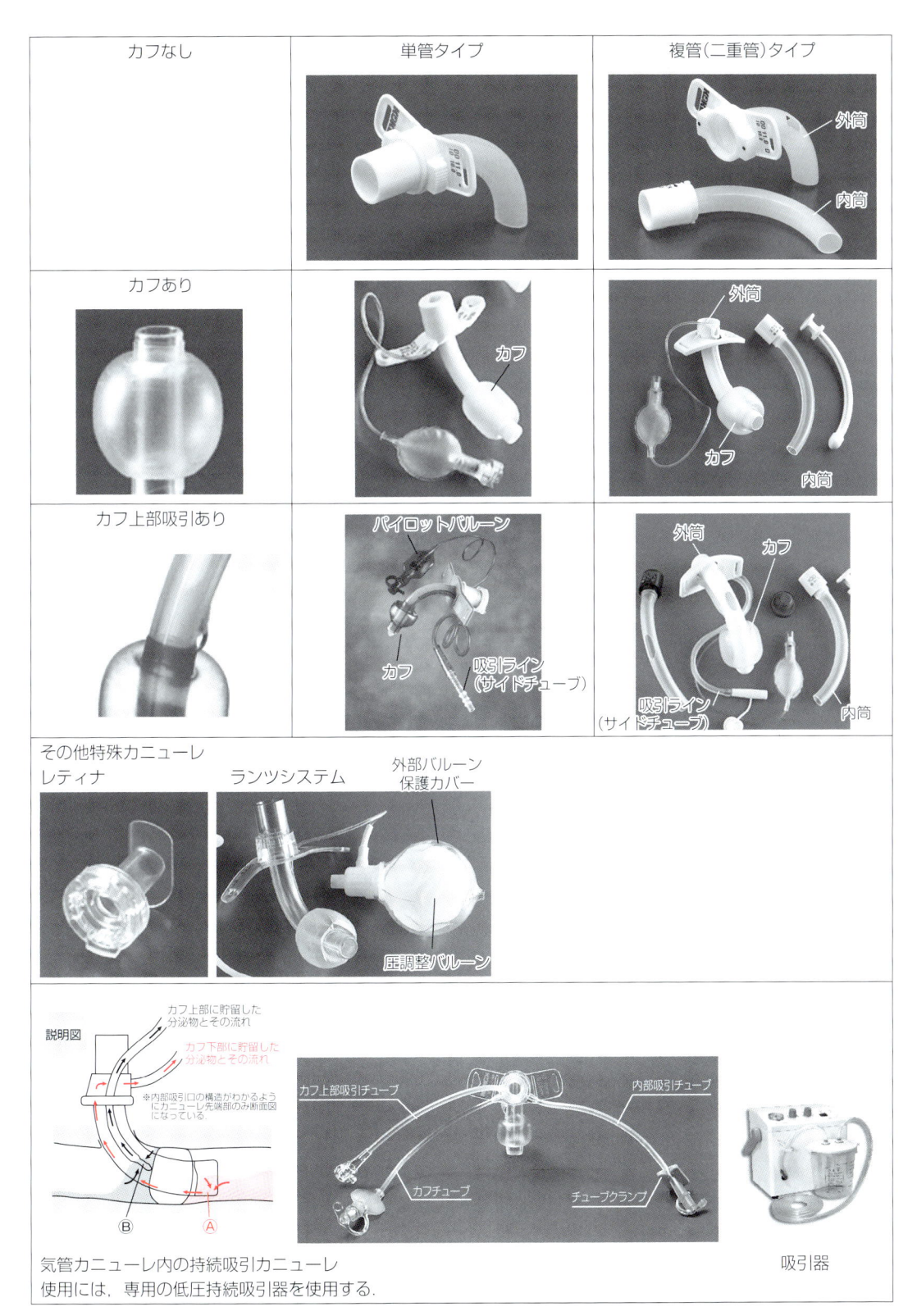

〔コヴィディエンジャパン株式会社パンフレット，株式会社高研パンフレットより〕

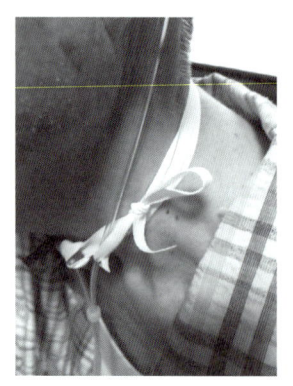

[図4-3] カニューレの固定

[図4-4] カニューレの工夫
使用済みの人工鼻を再利用している.

呼吸不全で全身状態が比較的良い場合に使用する. 誤嚥徴候がなく自力で呼吸・排痰ができる対象者に使用する.

(3) 観察のポイントとケア

① カニューレの種類, サイズ, 交換頻度, カフ圧の確認
② カニューレの固定状態の確認 (**図4-3**)
③ 気管切開部の管理：出血, 炎症, 肉芽の有無・程度 (初期の肉芽はステロイド軟膏の塗布で軽減することもある)
④ 気管切開口は分泌物による皮膚トラブルが起こりやすいので綿棒などで拭く.
⑤ ガーゼ保護は必ずしも必要ではない.

(4) 起こりやすいトラブルと対応方法

① 気管カニューレ抜去 (体位変換時, 移動時)：カニューレの交換が必要となる.
カニューレ固定ひもの緩みに注意する. 体動時の人工呼吸器回路の取り扱いに注意する.
② カフの空気漏れ：バルブ不良, パイロットバルーン破裂など：カニューレの交換が必要となる.
③ チューブ先端部肉芽による気道狭窄：気管支鏡による確認が必要となる.
④ 気管切開口部の蜂窩織炎：気管切開口の清潔ケア.
⑤ カフ圧迫による気管粘膜潰瘍, 気管径拡大 (変形)：カフ圧の確認および適正カフ圧による管理.
⑥ 気管内や切開チューブ切開口部からの出血：出血量を確認し多量時は受診する. 気管内出血は吸引の手技の確認を行う.
⑦ カニューレ内の閉塞：吸引時の吸引カテーテル挿入はスムーズかを確認する. 痰の性状・粘稠度確認. チューブの通りがスムーズでない場合は, 吸入や水分補給などを行う.
⑧ カフ上部吸引チューブの閉塞：定期的な吸引. 口腔内・鼻腔内吸引時の分泌物状態の確認.

(5) 日常生活での注意事項

食事：むせないように, ゆっくり食べる (食事に集中する).
入浴：カニューレ内に湯が入らないように気を付ける (**図4-4**). 洗髪時は, ケープやシャンプーハットなどを使用する.

(長濱　あかし)

2. 在宅酸素療法

(1) 目 的

在宅酸素療法（Home Oxygen Therapy）は，安定した慢性呼吸不全患者に不足する酸素を補い動脈血中の酸素分圧を増やすことで，呼吸不全患者の予後を改善する．息苦しさで制限されていた日常の活動範囲が広がり，社会復帰を可能とする．

(2) 適 応

①チアノーゼ型先天性心疾患，②高度慢性呼吸不全例（在宅酸素療法導入前に動脈血酸素分圧55mmHg以下のものおよび動脈血酸素分圧60mmHg以下で睡眠時または運動負荷時に著しい低酸素血症を来すものであって，医師が在宅酸素療法を必要であると認めたもの），③肺高血圧症，④慢性心不全〔医師の診断によりNYHA Ⅲ度以上であると認められ，睡眠時のチェーンストークス呼吸がみられ，無呼吸低呼吸指数（1時間あたりの無呼吸数および低呼吸数をいう）が20以上であることが睡眠ポリグラフィー上確認されている症例〕

(3) 酸素供給装置の種類

居宅で使用される酸素供給装置には，酸素濃縮器と液体酸素がある．長所と短所は，**表4-1**に示す．

(4) 観察のポイントとケア

設置場所は適切か，直射日光が当たらない場

[表4-1] 酸素供給装置の長所と短所

	酸素濃縮 ＋ 携帯用酸素ボンベ	液体酸素（親器+子器）
長所	・操作が簡便である ・比較的容易に連続使用ができる ・メンテナンスに手間がかからず廉価である ・ボンベは長期保存ができる	・電気代がかからないため経済的である ・電気を使わないので停電時にも使用できる ・高流量の酸素投与ができる ・子器が小型・軽量かつ比較的長時間使用できる ・酸素濃度がほぼ100%である
短所	・電気代がかかり，停電時には使用できない ・使用中，冷蔵庫程度の振動音と廃熱が発生する ・高流量の酸素吸入が必要な場合には不向きである（酸素濃度90%程度） ・ボンベは交換が必要である	・デリバリーが不便な地域がある ・定期的に設置型容器の交換が必要である ・充填作業がやや困難である ・子器は旅行時に，機内へ持ち込むことができない

所に設置する．液体酸素では特に火気との位置関係に注意する．

　機器(設置型・携帯型)の操作方法は正確か，正常に作動しているかをチェックし，異常音の有無，アラーム音，定期点検状況なども確認する．日常必要な管理(フィルターの汚れ，接続部のゆるみ，加湿器使用者では加湿水，異常音はしないか)は適切に行われるようにする．

(5) 起こりやすいトラブルと対応方法

①酸素が出ていない(図4-5)．
・加湿器蓋の緩み，延長チューブの接続部がはずれている，電源が入っていない(濃縮器)
・携帯用酸素ボンベで，元栓の開け忘れ，酸素セーバーの電源の入れ忘れ
②携帯用酸素機器の使用方法がわからない(受診時以外使用しない方に多い)．
・操作方法をボンベに記載し，訪問のたびに説明する．
③喫煙者：酸素2Lを鼻カニューレで吸入中に煙草の火が引火し，自分の鼻腔を火傷した．
・禁煙指導を行う．ガス調理器から電磁調理器への変更を勧める．
④液体酸素：子器への充填時に誤って充填部に触り凍傷を生じた．
・皮手袋の着用を指導する．
⑤カニューレの折れや捻じれにより酸素がでない．
・延長チューブの整理
⑥長期間の使用で，硬くなったカニューレで皮膚(特に耳)に潰瘍ができる．
・定期的なカニューレ交換

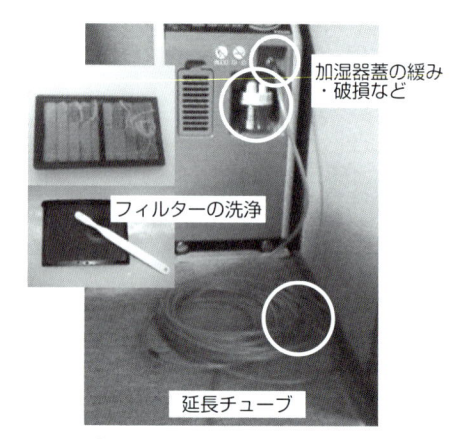

[図4-5] 酸素濃縮器の管理

(6) 日常生活での注意事項

　酸素吸入下での喫煙による火災が報告されており，禁煙の指導が望まれる．

　また，外出時には携帯用酸素ボンベなどの酸素残量を必ず確認する．

　停電時には，酸素濃縮器の場合は携帯用酸素ボンベを吸入する．そして必要以上に動かないようにする．

　冬季には室内気温との差により延長チューブに結露が発生することがあるので注意を要する．

〈長濱　あかし〉

3. 在宅人工呼吸療法

(1) 目 的

人工呼吸とは換気の補助または代行をすることである．在宅人工呼吸療法(Home Mechanical Ventilation；HMV) とは，呼吸器疾患や神経・筋疾患などにより換気補助が必要な病状が安定した状態の療養者に対し，居宅で人工呼吸器による補助換気を行うことをさす．

在宅で主に実施されている人工呼吸療法には，気管切開下陽圧換気(Tracheostomy positive pressure ventilation：以下TPPV) と非侵襲的陽圧換気(noninvasive positive pressure ventilation：以下NPPV) がある．

TPPVとNPPVの比較について図4-6に示す．

(2) 適応および条件

在宅人工呼吸療法の対象となるのは，呼吸器系疾患，神経・筋疾患，その他の疾患や障害のある患者である．
[呼吸器系疾患] 肺結核後遺症，COPD，肺線維症，慢性気管支炎，肺気腫など
[神経・筋疾患] 筋萎縮性側索硬化症（ALS），筋ジストロフィー症（PMD），脊髄小脳変性症（SCD），重症筋無力症（MG），ポリオ後遺症，横隔膜神経麻痺など
[その他] 胸郭運動障害，脊椎後側弯症，出生時仮死，気管狭窄，頸髄損傷，原発性・続発性中枢性肺胞低換気など．

(3) 観察のポイントとケア

疾患やADLにより指導内容は異なる．患者ごとの背景や理解力，介護力に合わせたものであり，普段接することのない医療機器の指導には，写真や図を多く用いたパンフレットなどで，視覚的に理解しやすくする工夫が必要である（図4-7）．

(4) 在宅で起こりやすいトラブルと対応方法

a) TPPV療法（図4-8）

呼吸器回路，気管カニューレのトラブル（気管カニューレの項参照）

●低圧アラームが鳴る

回路の接続部のはずれや破損によるリーク，気道内圧チューブ内の水滴や折れ，呼気弁の異常，気管カニューレの問題（カフ漏れ，カニューレ位置異常など）が原因なので，回路をチェックし，必要時は交換する．カニューレ破損時はカニューレ交換を行う．

気管カニューレと回路のはずれは生命に関わるので，吸引後などはしっかり接続する．

低圧アラーム値を適正設定（平常気道内圧の70％）とする．

●高圧アラームが鳴る

呼吸回路の折れや閉塞，回路内への水の溜まり，痰の貯留が原因なので，回路のチェックやウォータートラップの使用，痰の吸引をする．

機器本体の故障：機器の停止・異常音

速やかにメーカーへ連絡する．自発呼吸がない場合はアンビューバッグを使用し，緊急時の手順通りに対応する．移動時に，結露が機器内部に流れ込み人工呼吸器が停止することがある．機器の移動時には，結露や回路位置などに十分な注意が必要である．

停電や内蔵バッテリー切れ

気管切開下で使用する人工呼吸器は内蔵バッ

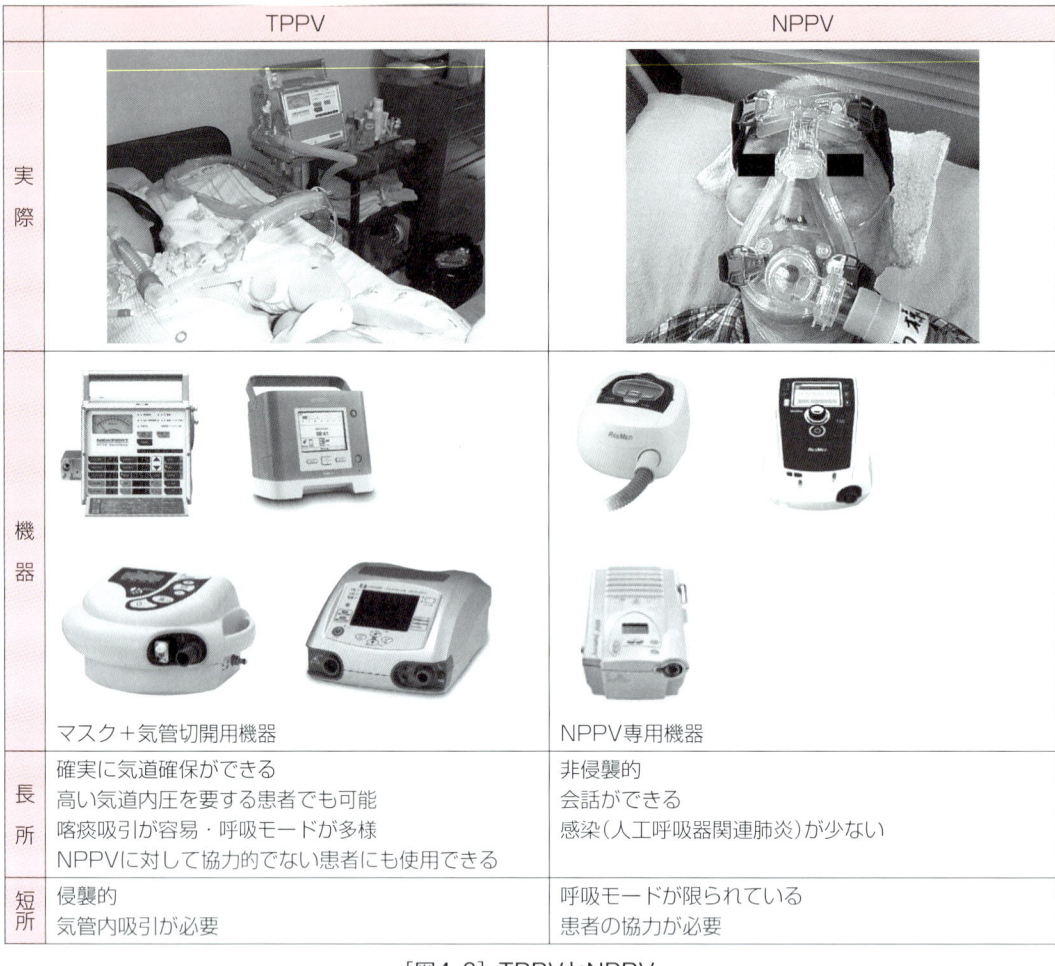

	TPPV	NPPV
実際		
機器	マスク＋気管切開用機器	NPPV専用機器
長所	確実に気道確保ができる 高い気道内圧を要する患者でも可能 喀痰吸引が容易・呼吸モードが多様 NPPVに対して協力的でない患者にも使用できる	非侵襲的 会話ができる 感染(人工呼吸器関連肺炎)が少ない
短所	侵襲的 気管内吸引が必要	呼吸モードが限られている 患者の協力が必要

[図4-6] TPPVとNPPV

人工呼吸器の取り扱い方法　観察内容とケア　　TPPV/NPPV
- ●日常点検内容
  - ・回路チェック・モニタリング画面の確認・加温加湿器
  - ・機器からの音の有無
- ●人工呼吸器回路交換方法(回路交換頻度の確認)
  - ：パンフレットなどの作成
- ●用手人工呼吸法(バックバルブマスク)の使用方法
   換気量・スピードなど
- ●TPPV：気管切開口ケア・気管カニューレ挿入・気管チューブトラブル時の対応
   気管内等の吸引法：気管切開口・口・鼻
  NPPV：マスク装着・取り扱い方法・マスク装着部の皮膚ケア
- ●その他介護方法：口腔のケア(嚥下能力に合わせて)
  - ・食事摂取は,嚥下状態に合わせた食事内容にする.
  - ・体位変換時・移動時の注意：回路のはずれ,カニューレ抜管に注意
  - ・入浴時に呼吸器装着の場合は,機器に水がかからないように注意する.
- ●緊急時対応：緊急時連絡先,内容ごとの対応についての確認
  - ・コミュニケーション方法の確認
     コミュニケーションエイドの使用・文字盤・瞬きなど

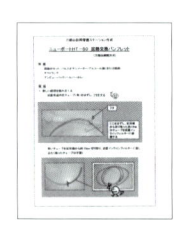

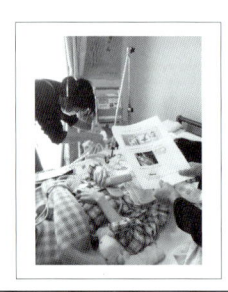

[図4-7] 人工呼吸療法患者への指導内容

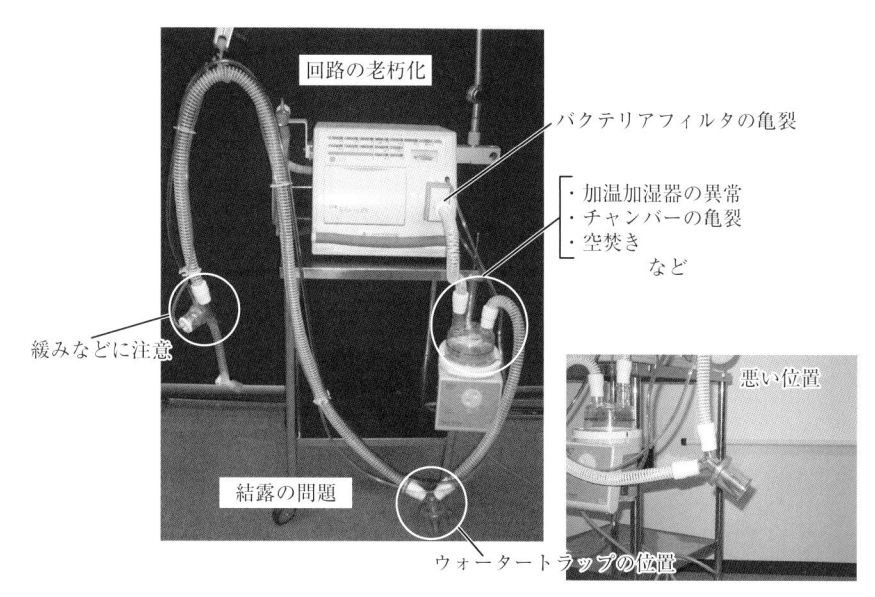

[図4-8] 人工呼吸回路の点検箇所

テリー機能を持つが，作動時間は機器ごとに異なる．また，予定より短い時間で切れることもあるので，長時間停電や外出などに備えて外部バッテリーや発電機などの準備が必要である．

災害時に備え，日頃より対応方法を検討しておくことが必須である．

b）NPPV療法

疾患やADLにより指導内容は異なる（**図4-7**）．

呼吸器回路

回路内の結露防止のため，室温の調整や回路の保温に努める．結露がマスク内に流れると危険なので，機器はベッドより低い位置に設置するのが望ましい．

回路リークによる過剰送気はエアチューブの亀裂，組み立てミスなどにより発生する．多量のエアリークがあると送気時の音が大きくなるので注意する．

マスクフィッティング

締め過ぎは，痛みや皮膚のトラブルの原因となる．締め付けにより，装着を拒否することもある．

逆に緩みがあると十分な換気ができない（ヘッドギアのマジックテープ消耗に注意する）．若干のリークは人工呼吸器が補正するが限度がある．開口にはチンストラップを使用する．

停電時の対応

NPPVの機器には内蔵バッテリー機能を搭載していないものもある．停電になると機械が止まるので，自発呼吸がある患者はマスクを速やかに除去する．特にフルフェイスやトータルフェイスマスクは窒息の危険性もあるので注意が必要である．24時間装着の患者では，災害時などに備え，外部バッテリーや発電機，蘇生バッグを準備する．

（長濱　あかし）

4. 経管栄養

（1）目的・適応

経口摂取ができない患者に対して，経鼻的にまたは経皮的に専用の管を胃や腸へ挿入し，栄養や水分を補給する．

①間歇的経口経管栄養法（Intermittent Oral Cathetrization；IOC）

栄養注入のたびにチューブを口から飲み込んで，終了したら抜く方法

②間歇的経鼻経管栄養法（Intermittent Nasogastric Cathetrization；INC）

栄養注入のたびにチューブを鼻から挿入し，終了したら抜く方法

③持続的経鼻経管栄養法（Continuous Nasogastric Cathetrization；CNC）

鼻からチューブを挿入した状態で留置し，栄養を注入する方法

④胃瘻・腸瘻

胃・腸と腹壁の間に孔を開けて専用のチューブを挿入する方法

在宅では③④の方法がみられ，特に胃瘻が多い（表4-2）．

（2）カテーテルの種類と特徴

胃瘻のカテーテルを図4-9に示す

①バンパー型

事故（自己）抜去や破損が少ない．長期使用が可能（約6か月）．交換時にやや痛む．

②バルーン型

1〜2か月で交換．バルーンの固定水補充が必要（不要のものもある）．交換は低侵襲（看護師も可能）．

[表4-2] 経鼻経管栄養法と胃瘻の特徴

	経鼻経管栄養法	胃瘻
期間	基本は短期間	中・長期間（4週間以上）
長所	・胃瘻より手技が簡単（看護師も実施できる）． ・事故（自己）抜去しても重篤な合併症は考えにくい（栄養注入中は誤嚥の危険性がある）． ・1回ごとに口から入れて1日3回，食事の時間に合わせて行うことも可能（間歇的口腔食道経管栄養）．	・外観上わかりにくい． ・肺炎や胃食道逆流が少ない． ・カテーテルの事故（自己）抜去が少ない．
短所	・外観があまり良くない． ・自己抜去されやすい． ・嚥下性肺炎を起こしやすい． ・カテーテルが汚染されやすい．	・身体に侵襲が大きい． ・胃瘻造設には時間がかかる．

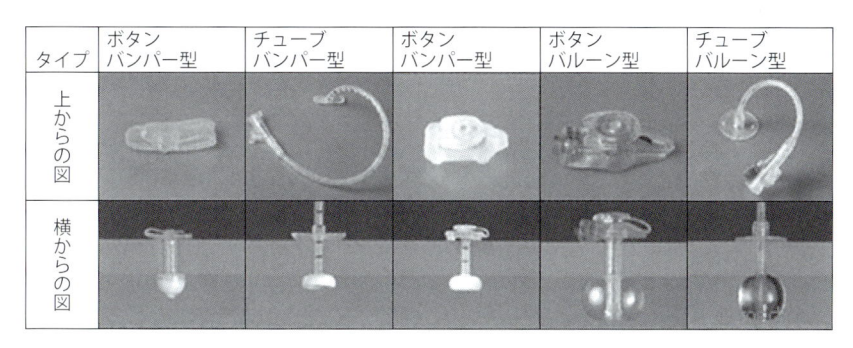

[図4-9] 胃瘻カテーテルの種類
〔株式会社メディコンパンフレットより〕

③ボタンタイプ
　接続チューブを外すことができ，目立ちにくい．チューブのみの洗浄が可能．
④チューブタイプ
　栄養チューブとの接続が簡単．逆流防止弁がないため，キャップの開閉で減圧が可能．

（3）観察のポイントとケア

①栄養剤注入時の注意
注入前の確認
- 経鼻チューブの場合：チューブが胃内に確実に挿入されているか，口の中，空気音の確認，固定テープの状態などを確認する．
- 胃瘻の場合：挿入部の異常はないか，抜去，出血などを確認する．

注入中：滴下速度，漏れ，および注入後しばらくは，腹痛，嘔気や嘔吐や気分不良がないかを確認する．

終了時：気分不良，腹部膨満
②カテーテル挿入部の状態確認
　出血，炎症，肉芽，漏れの有無（図4-10）
③リハビリテーション
　運動や嚥下訓練を行うのは，QOL改善に有用である．経管栄養に伴う制限はない．

（4）起こりやすいトラブルと対応方法

①カテーテルの閉塞
　注入前後での白湯の注入を行う．特に終了時にはしっかり流す．10％程度の食酢を注入してチューブ内を満たしておく方法もある．
②カテーテルの事故（自己）抜去
- 経鼻カテーテルの場合：固定テープはしっかりと貼る．カテーテルは長い状態でなく，まとめて，引っ張られない位置（頭部など）に置く．
- 胃瘻の場合：チューブタイプの場合は引っ張られたり，手が届かないように，腹巻などで覆う．

③経鼻カテーテルの管の固定部のスキントラブル
　固定テープは基本毎日交換．皮膚を洗浄し，固定位置をずらす．
④胃瘻周囲からの栄養剤の漏れ
　ティッシュのこよりを巻く．漏れの量によってティッシュをこまめに交換する．栄養剤を固形化させる（医師に確認が必要）．
⑤胃瘻周囲のスキントラブル
　発赤・びらん・浸出液・潰瘍，肉芽の有無の確認．
　瘻孔部は汚れたら拭く．カテーテルは毎日動かし，滑らかに「くるくる回る」，軽やかに「上下に動く」のが正常．
　潰瘍，肉芽は医師に報告し，早期に処置対応

する.

(5) 日常生活での注意事項

①口腔のケア

経管栄養の対象者の多くは嚥下障害があるため,不顕性肺炎の原因にならないよう,毎日の十分な口腔のケアが必要である.

②入　浴

入浴時は特に保護する必要はない.胃瘻部をやさしく石鹸で洗い,洗浄し,あとは乾燥させる(ただし,管理病院での指導でフィルム保護を指導していることもあるので確認する).

③注入用の備品管理

食器と同じように,洗浄し乾燥させる.

④開封した栄養剤

栄養剤をいったん開封したら,冷蔵庫内保管でも早めに(12時間以内を目安に)使いきる.

(長濱　あかし)

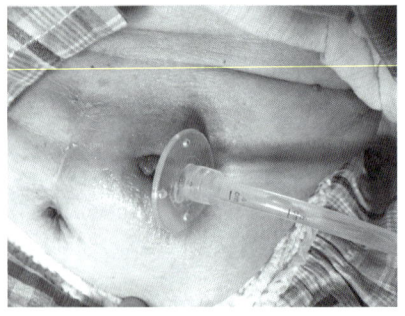

[図4-10] カテーテル挿入部
胃瘻挿入部を洗浄する.本症例では肉芽がある.

5. 膀胱内留置カテーテル管理

(1) 目的・適応

膀胱内留置カテーテルは神経因性膀胱や前立腺肥大など尿閉症状がみられる状態に対して行う処置で，尿・便失禁のある褥瘡患者にも，創部を清潔に保つために一時的に使用される．

カテーテルを尿道から膀胱内に挿入し，カテーテルが抜けないように先端のバルーンを膨らませ膀胱内に留置し，持続的に尿を排泄させる（図4-11）．

(2) 観察のポイントとケア

①1日の尿量・性状（色，混濁）・尿漏れの有無の確認
②カテーテルの固定状態の確認（図4-12）
③蓄尿バッグは，膀胱より低い位置に置いてあるか（尿の逆流防止）の確認
④カテーテルと皮膚の接触部の皮膚トラブルの確認

(3) 起こりやすいトラブルと対応方法

a) カテーテルの閉塞

閉塞時は，カテーテルの折れがないか，ミルキング（カテーテルのしごきや尿の誘導）で閉塞が改善しないかを確認する．改善がない場合はカテーテルの交換をする．頻回な交換が必要な場合は，計画的な膀胱洗浄を行う．

b) カテーテルの破損・事故抜去

破損時は，応急処置としてカテーテルやチューブをテープで補修し，医師，看護師に報告する．破損・抜去時は医師または看護師がカテーテルを交換する．

c) 事故抜去の予防

毎日，カテーテルの固定状態を確認する．女性は大腿部に，男性は腹部に固定した方が，尿道損傷やその他の潰瘍や皮膚損傷が少なくなる（図4-12）．固定テープによる皮膚のトラブルがないかも確認が必要である．認知症などにより本人がカテーテルを触る場合は，カテーテルに手が届かないように固定方法（手の届かない位置に固定）や衣服（つなぎタイプ）を工夫する．

d) 外尿道口のびらん，膿排出

陰部洗浄し，カテーテルの挿入部を清潔に保つ．必要時は軟膏などの塗布を行う．

e) 紫色蓄尿バッグ症候群（PUBS）

尿道カテーテルの長期留置・便秘・尿路感染症などが重なり，尿に含まれる色素が採尿バッグに付着し紫色になることがある．

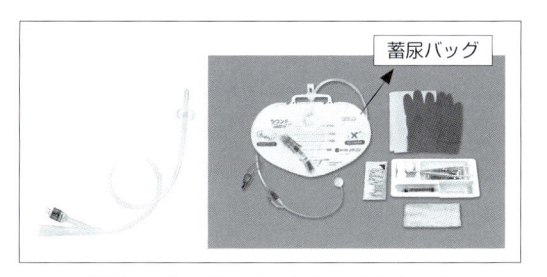

［図4-11］バルーンカテーテルセット

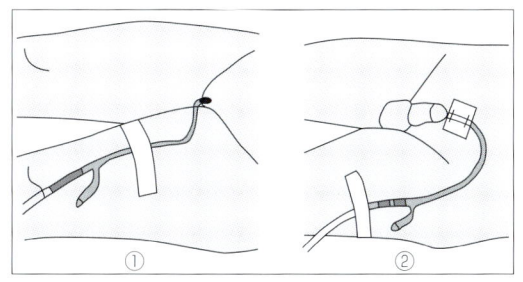

［図4-12］カテーテルの固定位置
女性は大腿部（①），男性は腹部（②）に固定する．

f）膀胱洗浄

在宅での膀胱洗浄は，カテーテルの閉塞が予測される場合の対応として計画的に行われることが多い．通常，感染予防としての膀胱洗浄は行わない．

（4）日常生活での注意事項

水分摂取が可能であれば，1,500mL/日程度を目標に水分摂取を促す．

歩行時，車椅子などへの移動時，車椅子走行時，寝返り（体位変換時），ベッドの高さ調整時，ベッド柵の取り外し時などに，カテーテルを引っ張らないように注意する．

蓄尿バッグの位置については，逆行性の尿路感染を防止するために，蓄尿バッグは必ず膀胱部より低い位置に置くようにする(**図4-13a**)．

外出時には蓄尿バッグ内の尿を廃棄する．蓄尿バッグを手提げ袋などに入れると周囲から見えにくくバッグの保護にもなる(**図4-13b**)．

（長濱　あかし）

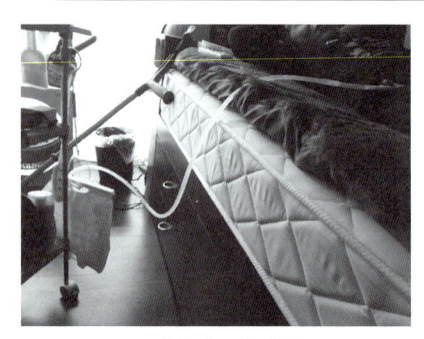

a．蓄尿バッグの位置

b．外出時

[図4-13] 蓄尿バッグ

6. 水分補給（脱水症・熱中症）

（1）目 的

人は1日約2.5Lを体内から失う（尿：約1,500mL＋不感蒸泄：約900mL＋便：約100mL）．水分摂取不足により，脱水症や熱中症を起こす．このため，意識して水分の摂取を心がける必要がある．

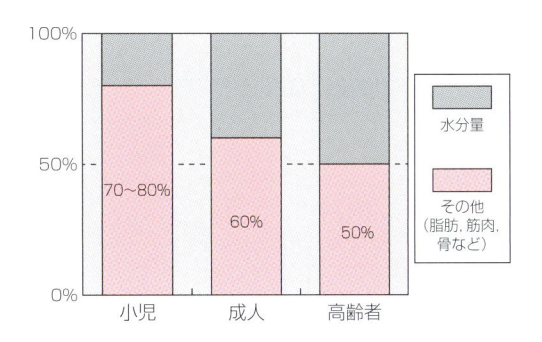

[図4-14] 体に占める水分量の割合

（2）脱水症とは

体内の「水分と電解質が失われた状態」で，小児と高齢者は脱水症になりやすい．

（3）小児が脱水になりやすい理由

①新生時期から小児期は体重に占める体液の割合が多く，特に細胞外液が多い．体液喪失は細胞外液から始まるため，脱水になりやすい．
②小児は体重当たりの不感蒸泄が多いため，失われる水分が多い．
③腎臓の機能の発達が十分でない．
④新生時や乳児は，自分の意思で水分補給ができないため，気付くのが遅れてしまう．
⑤水分の出入り比率が1/2と大きい．

（4）高齢者が脱水になりやすい理由

①加齢と活動量の低下により，体液を蓄える筋肉量が減少することで，体内の水分量が減る（図4-14）．
②脳の視床下部にある，口渇中枢の機能が低下し，喉の渇きを自覚しにくい．
③加齢に伴い，腎臓の機能が低下し尿量が多くなる．
④加齢による嚥下機能の低下などにより食事量が減少するため，食事に含まれる水分量が減少する．
⑤トイレへ行く回数を減らすために，飲水を控える．
⑥高血圧や心不全などにより利尿剤を服用している．

（5）脱水症の分類

脱水症は水分と電解質（主にナトリウム）が失われた状態だが，水分と電解質のどちらがより多く失われるかで，3つのタイプに分かれる．①電解質より水分が多く失われて体液がいつもより濃くなった状態が高張性脱水（体液の浸透圧が高くなる）である．汗をかいたときに喉が渇く．汗をかくスピードが速いほど，汗中の電解質濃度は高くなるので，より多くの電解質が失われる．②電解質と水分が体液と同じ割合で失われるのが等張性脱水（体液の浸透圧が正常）である．下痢や嘔吐のように体液を一気に喪失してしまうときに起こる．③水分より電解質の方を多く失い，体液がうすくなった状態が低張

性脱水（体液の浸透圧が低くなる）である．大量に汗をかいて，電解質を多く失っているのに，電解質濃度の低い飲料や水・お茶などを大量に飲んだときなどに起こる．のどの渇きはあまり感じられない．

（6）脱水症状の確認

a) 軽度の症状
軽度では基本的に自覚していないことが多く，見た目にもわからないことがほとんどである．
- 喉が渇いている，排尿量の低下，肌の乾燥（特に舌が乾燥している），便秘が多い，4％程度までの体重減少

b) 中等度の症状
見た目にも大きな変化が現れる．速やかに医療機関を受診する
- 喉の渇きを強く感じる，全身倦怠感，肌はカサカサ，唇まで乾く，めまい・立ちくらみ，頭痛，嘔吐，食欲不振，眠気，痰が出せない，頻脈，眼球が落ちくぼんでいる，10％程度までの体重減少

c) 重度の症状
重篤な状態で，早急に医療機関へ．処置が遅れると生命に危険な状況である．
- 意識朦朧，失神，痙攣，血圧低下，10％以上の体重減少

特に高齢者で注意すべき症状として**せん妄**がある．脱水が原因でせん妄症状を呈することがあるので見逃さないようにする．

（7）熱中症とは

人間には，体温調節機能があり，寒い環境であれば熱を体外に逃がさないようにし，暑い環境であれば体外へ熱を発散するよう調節されている．

通常，暑い環境においては，汗をかいたり血液を末梢（皮膚）に集めて皮膚温を上昇させたりすることで，体温が上がりすぎないように調節している．しかし，高温環境下で運動や労働をしていると，この体温調節機能が働かなくなり，体温が異常に上昇した状態になることがある．この状態が熱中症である．体温が高くなると，脳や肝臓，腎臓，凝固機能などに障害が出始め，その状態が続くと多臓器不全となり死亡する．

熱中症を起こしやすい日は，高温（30℃以上），多湿，通気が悪い，急に暑くなった日，体調が良くない，睡眠不足のとき，水分をまめに摂っていない，炎天下で運動しているときなどである．

（8）熱中症の新分類と対処法

Ⅰ度：めまいやたちくらみを自覚する．筋肉痛やこむら返り（脚がつる）がある．拭いても拭いても汗がどんどん出てくる．

→涼しく風通しの良い場所に移す，安静にして体を冷やす，水分，塩分，糖分を補給する．

Ⅱ度：頭痛，嘔気，嘔吐を認める．全身倦怠感を自覚する．

→Ⅰ度の対応を持続する．誰かが必ずそばで見守り，症状が改善しなければ病院へ．

Ⅲ度：意識障害を認める．けいれんが起こる．体温が高くなる．

→Ⅰ度，Ⅱ度の対応を継続しつつ，すぐに救急車を呼び，病院へ．

（9）脱水症・熱中症の予防

定期的に水分を摂るように努める．食事以外に，150mL～200mL/1回を，こまめに何度も飲む．各食事時（3回）・食間（2回）・起床時・入浴時・睡眠前（3回）で，約1,200～1,500mLの水分を摂取する．

水分補給には，浸透圧が人間の体液よりも低いハイポトニック飲料が良い．体液より浸透圧

[表4-3] 経口補水療法

軽度～中等度の脱水（熱中症を含む）が起こったときに，すぐに役立つ．塩分（電解質）と糖分をバランスよく配合した経口補水液（ORS；Oral Rehydration Solution）を飲ませ，失われた水分や電解質をすみやかに補給する．

作り方 ①水…1L，②塩…3g（小さじ1/2杯），③砂糖…40g（大さじ4と1/2杯）

が低いため胃を通り抜けやすく腸に届きやすい飲料で，腸でも素早く吸収され全身の細胞に水分が行き届きやすい特長がある．経口補水療法（ORT：Oral Rehydration Therapy）も有効である（表4-3）．

高齢者では，認知力の低下などにより温度に対する感度が落ちて暑さを感じにくく，エアコンのリモコン操作をできない場合もある．閉めきりになりがちな部屋では，春や秋でも30℃を超えることがある．部屋の環境を知るために部屋には温度計・湿度計を設置し，ときおり空気を入れ換える他，定期的に水分摂取を勧めることが必要である．

■事例：85歳のAさんは，真夏に閉めきった部屋で冬用の衣類を着こみ，ストーブを付けて汗びっしょりなのに，窓を開けましょうと言うと，「寒いからやめて」と言い窓を開けることを拒んだ．

対 応

このような状態が続くと熱中症となる．温度計を見せて室温35℃を一緒に確認し，まずストーブを消し，服を脱がせて乾燥したタオルで体を拭き，その後窓を開けて室内に空気を通した．汗をかいて体が濡れた状態で窓を開け風に触れると「気化熱」のため寒く感じるので，注意が必要である．

（10）冬季の脱水に要注意

冬は脱水症にはならないと思われがちだが，冬であっても下記のような状況であり，一年中脱水には注意が必要である．

①喉が乾きにくいので水分摂取量が減る．
②汗をかく量は少ないが，不感蒸泄により体の水分は失われる．
③湿度が低下し，室内は暖房により乾燥状態でさらに皮膚から水分が失われる．
④ウイルス感染，例えばインフルエンザによる高熱による発汗やノロウイルスなどの食中毒では，嘔吐・下痢により水分が失われる．

冬の脱水症状
・肌が乾燥する，口がねばる（脱水症の始まり）
・体がだるい，気力がでない（脱水症）
・めまいや立ちくらみがする，ふらつく（脱水症進行）

脱水症では，血液粘度も上昇し，脳梗塞や心筋梗塞を起こしやすくなる．

冬の脱水対策
①部屋の加湿
　部屋の中に加湿器を置く．バスタオルなどの洗濯ものを干すのも効果的である．寒くてもときどき窓を開けて空気の入れ替えをする．
②水分補給
　喉が渇かなくても水分補給は定期的に行う．夏季と同様に水分摂取を促す．経口補水液の飲水で効果的な水分補給を勧める．

（長濱　あかし）

7. 認知症

(1) 認知症と訪問・通所リハビリテーション

わが国の急速な人口構造の変化（高齢者人口の急増→超高齢社会）により加齢とともに増加する認知症（者）との関わりは，在宅訪問リハビリや通所リハビリに携わる者にとって非常に重要となってきている．認知症症状を伴う対象者は今後も増加していくことが予想されるため，認知症に対する正しい認識・知識は必要不可欠である．

(2) 認知症とは

生後，いったん正常に発達した種々の精神機能が慢性的に減退・消失することで，日常生活・社会生活を営めない状態となることを認知症とよぶ．つまり，後天的原因により生じる知能の障害である点で知的障害（精神遅滞）とは異なる[3]．

(3) 生理的老化と認知症

生理的老化（老化現象）では，心臓など身体のあらゆる部分が衰えるのと同様に脳も衰え能力が低下してくることは，高齢になればすべての人に当然みられるものである．多少の物忘れや同じ話を繰り返すことなどはあっても，特に日常生活に支障がない状態である．しかし，認知症は病的な状態であって，脳の病変によって生じるのであり，一部の人にのみみられる．進行するにしたがって，日常生活に支障を来すようになる．

(4) 日本における認知症者数

認知症の高齢者は，2012年時点で推計462万人といわれている．65歳以上の高齢者の有病率推定値は15％である．また，認知症予備軍（軽度認知障害；MCI；mild cognitive impairment）は約400万人ともいわれている．MCIの有病率は加齢とともに増加し65〜69歳では8.4％だが，80〜84歳では22.9％である．適切なケアを受けないと5年後には約半数の人が認知症に進むとの報告もある[4]．

(5) 認知症の原因疾患

認知症には多くの原因疾患がある．主なものを表4-4に示す．また，原因疾患の割合を図4-15に示す[4]．

[表4-4] 認知症の主な原因疾患

- アルツハイマー型認知症
- 脳血管性認知症
- レビー小体型認知症
- 前頭側頭型認知症
- その他（進行性核上性麻痺，慢性硬膜下血腫，クロイツフェルト・ヤコブ病，他）

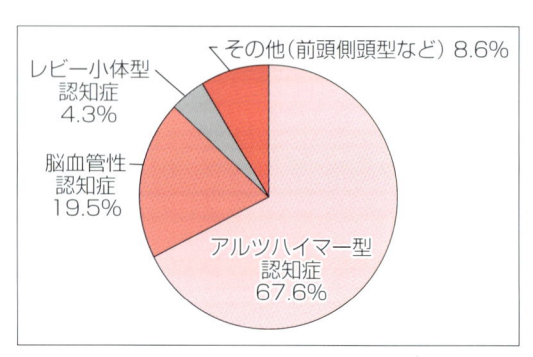

[図4-15] 認知症の原因疾患の割合

- アルツハイマー型認知症 67.6％
- 脳血管性認知症 19.5％
- レビー小体型認知症 4.3％
- その他（前頭側頭型など） 8.6％

[表4-5] 認知症の主な症状（中核症状）

- 記憶の障害：いわゆる物忘れ．記銘・記憶の保持・想起ができないなど
- 見当識の障害：時間・場所・人物などがわからない
- 認知・行動・言語の障害：失認，失行，失語
- 判断・計算・抽象思考の障害：作業の間違い，状況にそぐわない言動，想像力がなく，事柄の比較ができないなど
- 意欲・感情・人格の障害：ぼんやりして自発性に乏しい，自制心が乏しく怒りっぽい，周囲への配慮が乏しい，恥の感情が乏しくだらしないなど

[表4-6] 認知症に伴う行動・心理症状（BPSD）

- 抑うつ状態
- 被害妄想（物盗られ妄想）
- 幻覚・せん妄
- 易刺激性・興奮・粗暴行為
- 昼夜逆転（睡眠障害）
- 徘徊
- 失禁・不潔行為
- 食行動異常

[表4-7] 認知症と間違いやすい疾患

認知症に間違えられやすい症状・疾患等	注意点
心因性精神疾患（外因性）	強い精神的なショックで起こる急性心因反応，あるいは慢性的ストレスや長期の精神的葛藤や欲求不満により起こる神経症などにより引き起こされる意識障害など．
うつ病など（内因性）	認知症との区別が非常に難しい． 認知症の初期に併発していることもある．
せん妄	突然起こり，派手な症状が出現しやすいため，間違いやすい．入院など環境が変わったときは特に注意が必要である．
薬剤による副作用	安定剤：記銘力障害，自発性の低下などの紛らわしい症状がみられる． その他の薬剤（抗パーキンソン薬など）：妄想，幻覚，せん妄が出現し，間違いやすい．
低血糖	イライラ感，倦怠感，自発性の低下や物忘れなどの症状がみられることがある．

（6）認知症の症状

主な認知症の症状としてあげられるものを表4-5に示す．これらは認知症の中核症状とよばれる．また，認知症に伴う行動・心理症状はBPSD（Behavioral and Psychological Symptoms of Dementia）ともよばれ，いわば認知症の周辺症状である（表4-6）．周辺症状は認知症者に必ず出現する症状ではないが，しばしば伴う症状である．介護者らが非常に負担感を持ちやすく，日常生活にも大きな影響を及ぼす症状であるため，治療（薬物療法など）が必要となることが多い．

認知症と間違われやすい疾患は表4-7に示すが，これらは代表的なものであり，その他にも認知症との鑑別が難しい疾患は多数ある．

（7）認知症者（認知症を伴う対象者）との関わり方

認知症になってもその人の存在はなくなるわけではない．また，人格ある一人の人間として接することができなくなるわけではない．疾患や症状に惑わされず，対象者個人をみる必要がある．人間の尊厳とその人本位の暮らしの継続を支援するべきである．

認知症者の心の中は不安と焦りが渦巻いている．人生の終盤期を大切に過ごしてもらうため，対象者が求めていることを探る努力を怠らず，対象者の残存能力や潜在能力を大切にし，認知症であっても選択や決定の機会を持ってもらうようにしなければならない．

以下に認知症者と関わる際に配慮するべき点をいくつか述べる．

①自尊心を傷付けない

間違った言動・行動，理解できない言動・行

動をしても否定しない．突き放した態度や子ども扱いを避ける．
② 視野に入って話す
　近付いて，本人の目を見て静かに話す．後ろから声をかけない．目線を合わせ，上からの話しかけも避ける．
③ ゆったり，楽しく
　意識してスピードを落として話す．仕草，眼差し，態度でやわらかく，楽しく，ゆったりとした雰囲気を作るよう心がける．
④ 感情に働きかける
　言葉だけでなく，安心，うれしいといった心地良い感情を引き出す．年長者としての誇り，自信を引き出すよう，ときには頼り，教えてもらうなどする．
⑤ 簡潔に伝える
　できるだけ単純にわかりやすく，順を追ってひとつずつ伝える．先のことを先走って伝えるのは混乱するので注意する．
⑥ 昔話を聞く，引き出す
　一人一人，背景にはそれぞれの豊かな生活史を持っているので，得意なこと，輝いていたときの話を引き出し，それらを真剣に聞く．

（8）認知症者リハビリテーションの実際

　現在，認知症と明確に診断されていなくても，何らかの認知症症状がみられる訪問リハビリ・通所リハビリの利用者は多くなっている．リハビリの目標は，起居移動動作能力，ADL能力の維持向上，介護量軽減などが多い．
　ここでは，実際に訪問リハビリで経験した具体的な事例をもとに，主にリハビリを実施するうえでの阻害要因となる認知症の症状を列挙する．また，どのような点に配慮，工夫して対処しているか，リハビリ開始後の状況がどのようになっているかを述べる．

■**事例1**：90代女性．要介護度4．
主な介護者：長女．
慢性心不全．高カリウム血症，高血圧症，慢性胃炎．
腰椎圧迫骨折，誤嚥性肺炎の既往あり．
＜症　状＞
① 「痛い．酷い（扱いを受けている）．」との発言を繰り返す（しかし，実際に痛みがあるわけではないことが多い）．
② 排便へのこだわりが強い．便意を伝えられない．排便がうまくいかないことなどで機嫌が悪くなり，興奮状態になることが頻回にある．
③ ときに暴言，声を荒げることがある．
④ 睡眠リズムが乱れがちである．

配慮・工夫・対処

・信頼関係ができていないうちは，身体のどこに触れても「痛い」と叫んでいたため，開始当初は良好な関係を作ることに時間を割いた（嫌なことをしない人と信頼してもらう）．
・出身地や家族，昔のこと，得意な料理のことなどについて，話を聴くなどした．
・訪問は，排便，食事，昼寝などが一段落して，比較的落ち着いている時間帯とした．
・暴言，乱暴な行動などがみられても，こちらの表情・態度は一切変えない．にこやかに．
・家族と協力して，一週間の間にあった楽しい出来事（外出したことなど）を回想してもらい，話してもらう（家族にはキーワード，ヒントをあげてもらう）．
・リハビリの内容に関して，本人の意見を聞く（例：今日は立ち上がりの運動を，何回がんばりますか？歩く道順はどうしましょうか？など）．

◆**現在の状況**

リハビリ担当者の名前を覚え，「痛い．酷い．」などの発言はほとんど聞かれなくなった．リハプログラムに取り組む際も，拒否的な言動や行動はみられない．日により覚醒度には変動がみ

られるが，大きな問題とはなっていない．食事の支度の手伝いなど，得意であったことは介護者（長女）がうまく援助しながら，できることを行うようになっている．

■**事例2**：90代女性．要介護度4．
主な介護者：長男の嫁．
主な診断名は廃用症候群．うつ病との診断も受けており，入院歴あり．
脳梗塞，骨折などの既往あり．聴力低下．
<症　状>
①発語，意思表示はほとんどない（表情の変化も乏しい）．
②尿意便意の訴えはまったくない．
③自発的な活動はほぼみられない．靴の脱ぎ履きなどすべての動作に指示が必要である．指示がないと動作が停止してしまう．
④稀に夜間，突然覚醒して動き回ることがある．
⑤短期入所施設（ショートステイ）利用時に，介護拒否の他，深夜に「自宅に帰る」と動こうとするなど危険行動がみられた．

配慮・工夫・対処

・反応がなくても，声かけは欠かさない．
・顔色，皮膚など全身の状態観察を念入りに行う．
・家族からの聴き取りを充分にする．
・リハビリ中に排便があることが多いため，トイレへの誘導をする（様子，動作を観察）．
・指示はわかりやすく大きな声でひとつひとつ，ゆっくりと伝える．実際にやってみせる．
・リハビリ内容（筋力維持練習など）は，本人が戸惑わないように，あまり変更しない．変更する際には，少しずつゆっくりと行う．

◆現在の状況

繰り返し指示を行うことで筋力維持練習の内容は定着してきている．リハビリ担当者の動作を模倣できる．起居移乗動作は見守りで可能，車椅子自操ができ，排泄などは一部介助の状態を保っている．笑顔など表情の変化がわずかにみられる日がある．自宅での訪問リハビリに対して，拒否はない．

■**事例3**：60代男性．要介護度5．
主な介護者：妻．
脳出血後遺症（左片麻痺），高血圧，他．
<症　状>
①易怒性あり．感情の自制ができない．
②家族，リハビリ担当者や通所施設で他の利用者に対し，暴力をふるうなどの問題行動あり．
③こだわりが強く，家族も含め他人の話を聞かない．
④食事に関しても好き嫌いが激しく，気に入らないと食べない．
⑤リハビリの内容に関しても，拒否することが頻回にある（立位・歩行，階段昇降練習以外はやりたくない）．

配慮・工夫・対処

・家族から，早朝～朝食時の様子を聴き取る（リハビリ開始前の状態がリハビリにも影響する）．
・暴力行動（服をつかむ，腕を引っ張る，つねる，押すなど）に注意し，安全な場所に立つようにする（非麻痺側の握力が45kgもあり危険であるため）．
・暴言があっても表情，態度は一切変えない．淡々と．
・リハビリ開始前にリハビリ内容を話し合い，確認する．一度決めたこと（約束）は守ってもらう（例：今日はこのくらい歩きましょう．階段昇降練習は5段目までにしましょう．など）．
・一部の練習にこだわって，まったく話し合いの折り合いがつかないこともあるため，ケアマネジャーや往診医に協力を得ることもある（同行訪問，診察時に説得してもらうなど）．
・ケアマネジャー，通所施設などと情報交換をする．

◆現在の状況

「もう来なくても良い．帰れ．金の無駄だ．リハビリは意味がない」などの暴言は，本人が冷静になると反省しているとのことで，訪問リハビリは断られず継続している．暴力は避けることができている（引っ張られ，つかみかかられそうになることは今だにある）．機嫌の良い日には，指示に従った動作練習などが可能である．拒否的な態度がみられる日でも，歩行練習だけは必ず行うことができている．

(9) まとめ

認知症があってもリハビリにはきちんと取り組んでもらう必要があるため，拒否されることなく，リハビリを継続して利用してもらえるよう配慮・工夫など努力を継続しなければならない．正しい関わり方をすることで，どのような症状の対象者でも学習してもらうことはでき，わずかではあっても変化を促すことができる可能性がある．認知症者が穏やかに安心して心身の力を発揮して，自分らしく，より良く暮らしてもらうため，リハビリに携わる者は知識・技術・経験を積み重ねていくことが求められている．

（ジョーンズ　佳子）

8. 看取り

(1) 終末期（ターミナル期）とは

現代医療において，治療の効果が期待できず，老衰，病気，障害の進行により死に至ることが予想される状態であり，余命が数週間から6か月以内程度の意味で表現される．

(2) ターミナルケアとは

死を目前にした患者および家族の身体的・精神的苦痛を和らげ，QOLを維持し，その人らしい終末期生活を支援することで，年齢や疾病，患者や家族の意思によりケアの内容は変わる．

(3) 在宅看取りの条件

・患者本人が，強く在宅を希望していること
・同居家族が，在宅療養を認めていること→（家族の思いも大切）
・同居以外の家族の反対がないこと→（最後の最後で穏やかな看取りを台無しにする）
・ターミナルケアに熱心な医師（往診）がいること→（適切な説明と指示）
・訪問看護との連携がとれていること→（看護は，早い時期の導入が良い）
・疼痛コントロールができること，できていること→（苦しむ時間は極力短く）
・いつでも入院ができる体制があること→（在宅死を決めても，どんな状況変化があるかわからないため）

(4) 観察のポイントおよびケア

a) 患者および家族の意思の確認

自宅での死・看取りを決めていても，衰弱や苦痛などの様子を見守ることが不安になったり，予想以上に長期化し家族の体力的問題などが生じることもある．常に病状の変化や不安への対応を心がけることが必要である．また，本人や家族の意思の変化にも臨機応変に対応する．

b) 医師との連携

医師との連携を密にし，不安の軽減に努める．病院と在宅での違い，長所・短所などについて，医師からも十分な説明をする．

予測される状態，対応方法について事前に指示を受け，家族にも説明や指導を行う．「いつまでもちますか？」とは家族からよく問われることだが，難しい質問である．終末期の変化については図4-16に示すように，月，週，日単位での変化へと移行する．これをもとに家族に説明する．やりたいことは一日でも早いうちにするに越したことはない．

その他，多職種間の関わりがある場合は，すべての職種間で状況の共有がスムースにできるように対応する．例えば，情報をケアマネジャーに集約しケアマネジャーから各職種への連絡を行うなどの方法がある．

c) 家族へのケア

家族の心身状態は，訪問時の言動だけでなく，身だしなみ，居宅の環境変化（例えば，いつもきれいな花が飾られていた玄関の花が枯れている，居室内が乱雑化している，など）にも現れるので，目配り，気配りが必要である．身体の休息や気分転換など，他の家族も含めての調整が必要なこともある．

d) 終末期ケア

食　事：食事摂取や飲水量が徐々に少なくなる．嚥下状態も悪くなり，無理に進めると誤嚥な

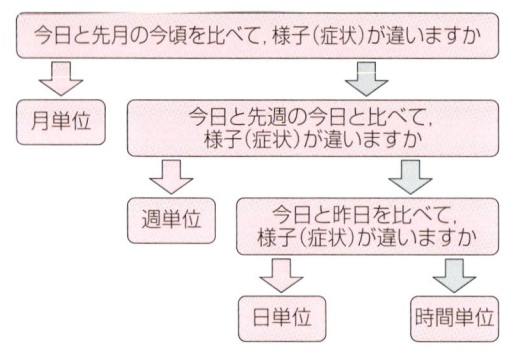

[図4-16] 終末期の予後予測を考える

[表4-8] 終末期患者の家族ニーズ

1. 患者の状態を知りたい
2. 患者の側にいたい
3. 患者の役に立ちたい
4. 感情を表出したい
5. 医療者から受容と支持と慰めを得たい
6. 患者の安楽を保証してほしい
7. 家族メンバーより慰めと支持を得たい
8. 死期が近付いたことを知りたい
9. 患者－家族間で対話の時間を持ちたい
10. 自分自身を保ちたい

〔鈴木志津枝,2003[9]〕

どの危険性があるので,食事形態を工夫する.家族は少しでも食べてほしいとの気持ちが強い.
→少量でも,高カロリーの物(栄養補助食品など)を利用する.トロミ食・好きな物・水分は凍らせて小さい氷片にするなどの工夫をする.食事が少なくなると口腔内の乾燥が進むので,口腔内のケアが必要である.冷やしたお茶に浸したガーゼやスポンジブラシなどで口の中を拭くなどの方法で対応する.

清潔援助:本人の希望に添いつつ,自宅入浴(訪問入浴)が辛くなったら清拭に切り替える.陰部は,オムツ交換になれば毎日の洗浄が望ましい.

排　泄:トイレ移動が辛くなれば,ポータブルトイレ・ベッド上尿器・オムツなど,本人の負担のない状態に移行する.尿量や性状・回数などを記録してもらう.

腹圧がかけられず,便秘になることも多いので,腹部状態をみながら,必要時には浣腸や摘便を行う.終末になるとゆるい便を出す方も多いので,寝具を汚染しないように対応しておくと良い.

褥　瘡:栄養状態の低下,一般状態の悪化に伴い褥瘡は発生しやすくなる.エアマットの導入など時期に合わせた早期の対応を行う.

苦痛の緩和:何が苦痛なのかについて患者や家族の訴えを傾聴し,苦痛による日常生活への影響・不安について対応する.

・呼吸困難:安楽な体位の工夫・呼吸法・リラクセーション
・全身のだるさ:マッサージなど
・疼痛:鎮痛剤の調整やレスキュードーズの使用方法の指導・確認
・不安:訴えの傾聴,同居以外の家族・友人などの訪問

(5) 家族への配慮

●家族の生活を大切にする.
　患者の介護に追われて,家族の日常生活が破たんしないように注意する.
●家族のニーズを知り,家族の視点に共感を持って支援する.
　在宅ケアについて,患者本人と家族の間に希望や考え方に違いがあることや,家族や親戚などの間でも考え方に相違がある場合も少なくない.家族全員それぞれの思いや考えが表出できるように関わる.
●ライフスタイルに配慮し,家族の意思決定を尊重する.
●家族が介護を続けられるために必要なこと
・最低限必要な介護知識と技術の習得・社会資源の活用
・閉塞感・孤立感を防ぐ(インフォーマルケアの活用)

終末期患者の家族のニーズについて**表4-8**に示す.これらのことも含めて,終末期では家族も含めたケアが重要である.

(長濱　あかし)

●●第4章　参考文献●●

1) 河原加代子・他：系統看護学講座 統合分野 在宅看護論 第4版. 医学書院, 2015.
2) 高瀬義昌：防ごう!! 守ろう!! 高齢者の「脱水」. 健康と良い友だち社, 2010.
3) 厚生労働省：みんなのメンタルヘルス総合サイト. 認知症とは. 2011. (http://www.mhlw.go.jp/kokoro/speciality/detail_recog.html)〔2015年4月28日最終確認〕
4) 厚生労働省研究班, 朝田隆・他：都市部における認知症有病率と認知症の生活機能障害への対応. 総合研究報告書, 2013.
5) 認知症介護研究・研修東京センターケアマネジメント推進室：認知症の人のためのケアマネジメントセンター方式 第8版. 2005.
6) 順天堂大学医学部（編）：現代の病「うつ」と「もの忘れ」. 学生社, 2006.
7) 土井勝幸・他：特集 認知症を我々はどのように捉えるのか. 訪問リハビリテーション 5：2011.
8) 和田秀樹：間違いだらけの老人医療と介護. 講談社, 2001.
9) 鈴木志津枝：家族がたどる心理的プロセスとニーズ. 家族看護, 1：2003.

> コラム：簡単に作れる自助具紹介!!

【ドライヤーホルダー】（図1）

〈対象者〉
　片麻痺などで片手しか使用できない人．

〈材　料〉
・針金ハンガー
・ビニールテープ

〈手　順〉
①針金を**図2**のような形に曲げて形作る．
②**図2**のようにビニールテープで止める．

（金子　奈央）

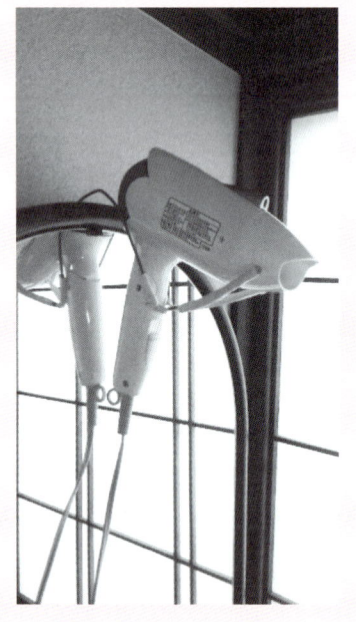

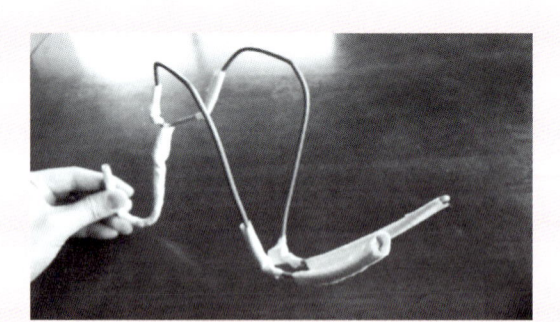

［図1］完成例　　　　　　　　　　［図2］針金を曲げる

第5章

リスク管理

1. 血圧（主に高血圧）
2. 糖尿病
3. 心疾患
4. 呼吸器
5. 骨粗鬆症
6. 末期がん
7. 疼　痛

1. 血圧（主に高血圧）

（1）高血圧の定義と分類

a）正常血圧と異常血圧（収縮期/拡張期血圧）

高血圧の定義は種々のガイドラインが存在する．ここでは日本高血圧学会高血圧治療ガイドライン[1]を紹介する．一般的には収縮期140mmHg以上もしくは拡張期90mmHg以上が高血圧とされている（表5-1）．ただし，上記のガイドラインは診療所でのデータであり，訪問リハビリなど一般家庭で行う際は少し低めなので，135/85mmHgを参照にすると良い．

高血圧は全身の細動脈硬化，眼球，腎機能障害などを引き起こし，脳卒中や心疾患の引きがねとなる．また，過剰な降圧は虚血性疾患のリスクとなる．さらに，高齢者ではふらつきなどが転倒のリスクになり得る．薬物の情報を得ておく必要もある．

低血圧の具体的定義はないが，動作練習や体位変換（臥位から座位・立位）時の変動が重要である．特に起立性低血圧など，血圧低下が問題となる．

血圧は24時間変動するので，一定の時刻に計測するようにする．食事や排尿前後でデータが変動するので注意を要する．

b）脈圧

脈圧は「収縮期血圧－拡張期血圧」であり，45mmHgが正常の上限である．動脈硬化と心拍出量異常に関係する．

c）平均血圧

平均血圧は「（収縮期血圧－拡張期血圧）/3＋拡張期血圧」であり，90mmHg未満で正常とされる．平均血圧が90mmHgを越え，脈圧が60mmHg以上では動脈硬化を疑う．脈圧が40mmHg未満では心疾患を疑う．

d）足関節/上腕血圧比（ABI）

ABIは，閉塞性動脈硬化症（ASO）のリスク評価に使用する．足関節収縮期/上腕収縮期（左右高い方）血圧の比で，0.9以下はASOを疑う．

[表5-1] 高血圧の定義と分類

単位：mmHg

分類	収縮期血圧		拡張期血圧
至適血圧	<120	かつ	<80
正常血圧	<130	かつ	<85
正常高値血圧	130〜139	または	85〜89
軽症高血圧	140〜159	または	90〜99
中等度高血圧	160〜179	または	100〜109
重症高血圧	≧180	または	≧110
収縮期高血圧	≧140	かつ	<90

（高血圧治療ガイドライン，2004[1]）

[表5-2] 高血圧に対する運動療法の適応判断基準

適　応	条件付き適応	禁　忌
140〜159/90〜94mmHg	160〜179/95〜99mmHg または ・治療中かつ禁忌の値ではない ・男性40歳以上，女性50歳以上では，できるだけ運動負荷試験を行う	180/100mmHg ・胸部X線写真所見：心胸郭比が55%以上 ・心電図所見：重症不整脈，虚血性変化が認められるもの ・眼底：Ⅱb以上の高血圧変化が認められるもの ・尿蛋白：100mg/dL以上のもの

（運動療法処方せん作成マニュアル，1996[2]）

(2) 高血圧に対する運動療法適応判定

　実施前に運動負荷試験が理想だが，おおむね180/100mmHg以上では薬物療法などでコントロールしてから運動療法を行う．日本医師会の基準を**表5-2**に示す．運動強度に関しては，200mmHgを越えない範囲が推奨される．ただし疾患によって異なり，例えば脳梗塞では200mmHgであるが，脳出血では160〜180mmHg程度とリスクが異なるので注意する[3]．

(3) 起立性低血圧への対処

　長期臥床や脊髄損傷など起立性低血圧が予想される際は，ベッドアップ（ギャッジアップ）による段階的ギャッジアップにて血圧測定する．

　症状の進行・動揺がなく，全身状態が安定していれば，リハビリを開始する．開始直前，直後，5分，15分，30分に自覚症状と血圧をチェックする．脈拍や神経学的所見は適宜チェックする．

　30°，60°，80°，もしくは端座位，車椅子と負荷をかける．座位保持ではクッションなどの道具も利用する．各段階20〜30分以上可能となったら次へ進む[3]．

　中止基準は次の通り．

①血圧低下が10mmHg以上20mmHg未満は5分後の回復をみる．

②20mmHg以上30mmHg未満の低下では主治医の指示を受ける．

③30mmHg以上の低下は即時中止（平均血圧は20mmHg）．

④神経症状や自覚症状悪化時は即時中止．

（髙見　彰淑）

2. 糖尿病

(1) 定義

糖尿病はインスリン分泌不全とインスリンの末梢における感受性低下（抵抗性）によるインスリン作用不足による代謝疾患である．糖尿病について運動療法上の注意点は，低血糖/高血糖の対策と閉塞性動脈硬化症や神経障害，網膜症など合併症の存在の2つの側面を考慮する必要がある．

(2) 高血糖・低血糖

a) 症状

高血糖は，口渇，多飲，多尿，体重減少，易疲労などを招く．空腹時血糖値が250mg/dLを越える場合には，運動時ケトアシドーシス（多尿，嘔吐，腹痛などの症状が現れ，進行すると昏睡や意識障害を来す）を起こす可能性がある．

低血糖は，発汗，動悸，頻脈，顔面蒼白，手指振戦，頭痛，目のかすみ，けいれんなどを起こす．重度低下は意識障害を起こす．高齢者や自律神経症状を呈する長期の患者は，低血糖の症状を自覚せず，急激に意識障害が出ることがあるので注意する（無自覚性低血糖）．

b) 運動療法時の注意点

糖尿病に対する運動療法の適応基準を記載する（表5-3）．

運動に際しての低血糖・高血糖対策を以下に述べる[5]．

① 食事
- 運動前1～3時間に摂取する．
- もし運動が強く長時間にわたる場合30分ごとに補食する．
- 運動の強度と持続時間に合わせて，運動終了24時間以内は摂食量を増加する．

② インスリン
- インスリン注射は運動開始の1時間以上前に行う．
- 運動前にはインスリン注射を減量する．
- インスリン注射のスケジュールを変更する．

③ 血糖（自己）測定
- 運動前・中・後に測定する．
- 空腹時血糖が250～300mg/dL以上，尿ケトン体陽性なら運動を中止する．
- 運動の種類に応じた血糖の反応を習得する．

[表5-3] 糖尿病に対する運動療法の適応判断基準

適応	条件付き適応	禁忌
空腹時血糖値 110～139mg/dL	空腹時血糖値 140～249mg/dL または ・治療中かつ禁忌の値ではない． ・男性40歳以上，女性50歳以上では，できるだけ運動負荷試験を行う．	空腹時血糖値 250mg/dL以上のもの 尿ケトン体（＋） 糖尿病網膜症（＋）

（運動療法処方せん作成マニュアル，1996[1]）

c) 低血糖時の対応

① 経口摂取が可能な場合，ブドウ糖（5～10g），ブドウ糖を含む飲料水（150～200mL），ショ糖（10～20g）程度を摂取させる．
② ブドウ糖以外の糖類では効果発揮が遅延するので，約15分経過しても低血糖が持続するならば，同一量を再度摂取させる．
③ 経口摂取が難しい場合，口唇と歯肉のあいだにブドウ糖や砂糖を塗りつける．
④ 意識を失うほどの低血糖の場合，応急処置で一時回復しても再び低血糖で意識障害が出現する可能性が高い．

（3）合併症

a) 主な合併症（表5-4）

高血糖が続くと動脈硬化が進み，大血管障害としては脳卒中，冠動脈硬化症，ASOなどを，細小血管障害では，網膜症，腎症，神経障害などを生じる．糖尿病による循環障害は下肢切断の原因の多くを占めている．自律神経症状では起立性低血圧を生じやすい．

b) 運動療法の中止基準

合併症が進むと，運動療法の中止や制限をかける必要がある．**表5-5**に基準を示す．

c) チェック項目

神経障害では，アキレス腱反射，振動覚，触圧覚，起立血圧試験，心電図R-R間隔変動率，神経伝道速度などをみる．こむら返りや冷感，脱力などがないかも尋ねる．足部は，色調，熱感，乾燥，胼胝，白癬，変形，可動域，爪の変形などをみる．足背動脈や後脛骨動脈の拍動，ABI（足関節/上腕血圧比）なども確認する．

（髙見　彰淑）

[表5-4] 合併症によって起こる主な症状・障害

糖尿病性合併症		症状・障害
細小血管障害	糖尿病神経障害	勃起障害，足病変(潰瘍，壊疽)，下肢切断
	糖尿病網膜症	視力低下，失明
	糖尿病腎症	人工透析
大血管障害（動脈硬化）	冠動脈硬化症	狭心症発作，心筋梗塞
	脳血管障害	脳出血，脳梗塞
	下肢閉塞性動脈硬化症	歩行障害(しびれ，歩行時下肢痛)，足病変(潰瘍，壊疽)，下肢切断

（リハビリテーションビジュアルブック，2011[6]）

[表5-5] 運動療法を禁止あるいは制限した方が良い場合

1. 糖尿病のコントロールが極端に悪い場合(空腹時血糖値250mg/dL以上，または尿ケトン体中等度以上陽性)
2. 増殖網膜症による新鮮な眼底出血がある場合(眼科医と相談)
3. 腎不全の状態にある場合(血清クレアチニン：男性2.5mg/dL，女性2.0mg/dL以上)
4. 虚血性心疾患や心肺機能に障害がある場合(各専門医に相談)
5. 骨関節疾患がある場合(専門医の意見を求める)
6. 急性感染症
7. 糖尿病壊疽
8. 高度の糖尿病自律神経障害

（糖尿病治療ガイドライン，2010[7]）

3. 心疾患

(1) 定義など

心疾患をひとことで示すのは難しいが、ここでは虚血性心疾患、心不全を中心に触れていく。心筋梗塞などの急性期に行われる進行基準や心電図所見の詳しい内容は、他の成書をご参照いただきたい。訪問リハビリでは維持期の生活指導や家族指導といった自己管理が問われる。

(2) 運動療法前のチェック

a) メディカルチェックの項目
① 血圧
② 起座呼吸と発作性呼吸困難
③ 浮腫（手足のむくみ）
④ 咳や痰
⑤ 胸痛や胸部不快感
⑥ 動悸
⑦ チアノーゼ（手足の冷感）
⑧ 乏尿/体重増加
⑨ 全身の倦怠感

b) 運動療法を進めるうえでの事前確認と注意事項
① 血圧測定：血圧は1日数回計測し、日内変動をチェックする。降圧剤服薬の関係で昼のみ測るのは要注意。血圧手帳（ノート）に記録するよう努める。
② 体重管理：体重が3日で1.8kg増加したら中止。または、2週間で2kg以上増加したら中止。
③ 塩分制限：重症心不全は3g/日以下。軽症でも7g/日以下。
④ 水分制限：過剰に摂取しないよう運動中も管理する。
⑤ カロリー制限：BMI 30以上は要注意。
⑥ 服薬指導：家族と管理する。

(3) リハビリテーションの中止基準

a) 心疾患理学療法におけるリスクマネジメント

中止基準を中心としたマネジメントを表5-6に示す。

b) 心不全の運動療法の禁忌事項

心不全の運動禁忌を表5-7に示す。なお、Ⅱ. 相対的禁忌のNYHA（ニューヨーク心臓協会）分類Ⅳは最重症を表し「心疾患患者で非常に軽度の運動でも何らかの症状を生じる。安静時においても心不全・狭心症を生ずることもある」というレベルである。

（髙見　彰淑）

[表5-6] 心疾患理学療法におけるリスクマネジメント基準

積極的に行わない	①心原性ショックの状態 　・血圧低下：収縮期血圧80mmHg以下 　・乏尿：時間尿20mL以下 　・冷や汗，チアノーゼ 　・意識障害（錯乱，傾眠，昏睡など） 　・代謝性アシドーシス ②カテコルアミン投与中（ノルアドレナリン，ドブタミン，ドーパミン） 　各医師の判断によりカテコルアミン投与中でも運動ができる場合もある ③安静時心拍数120拍以上（瞬間の上昇は含まず） ④座位だけでも低血圧症状が出る場合 ⑤起座呼吸など急性心不全の症候 ⑥血行動態の安定しない不整脈 ⑦新たに発生した心房細動 ⑧安静時から胸痛がある（不安定狭心症）
一時中止する	①運動処方がある場合は処方心拍数以上に連続して上昇している状態 ②運動処方がない場合は安静時心拍数130拍以上 ③収縮期血圧160〜200mmHg以上（幅は病態による）または10mmHg以上の低下 ④運動による心電図変化（虚血性ST下降0.1mV以上，側副血行路によるものは除く） ⑤運動により不整脈が増加しくる場合（PVC10回/分以上） ⑥新たな不整脈が発生した場合（心房細動，発作性頻脈，完全房室ブロックなど） ⑦頻呼吸（30回/分以上），高度な息切れ（PRE＞17） ⑧動悸，胸痛の出現 ⑨めまい，冷や汗，吐き気などの低血圧症状 ⑩全身疲労，下肢関節痛などの自覚症状の出現 ⑪患者が拒否した場合 ⑫安全な心臓モニタリングができないとき（機械の不具合など）
注意が必要なもの （リハビリテーションを制限するものではない）	①運動による不整脈の増加（PVC10回/分以上） ②乏尿，体重の増加 ③痰量増加 ④倦怠感 ⑤食欲不振 ⑥睡眠不足 ⑦下肢の浮腫増加 ⑧高齢者

PVC：心室性期外収縮，PRE：主観的運動強度（Borgスケール）

(高橋哲也，2009[8])

[表5-7] 心不全の運動療法の禁忌

禁忌（分類）	内　容
Ⅰ．絶対的禁忌	①過去1週間以内における心不全の自覚症状（呼吸困難，易疲労など）の増悪 ②不安定狭心症または閾値の低い「平地ゆっくり歩行（2METs）で誘発される」心筋虚血 ③手術適応のある重症弁膜症，特に大動脈弁狭窄症 ④重症の左室流出路狭窄（閉塞性肥大型心筋症） ⑤未治療の運動誘発性重症不整脈（心室細動，持続性心室頻拍） ⑥活動性の心筋炎 ⑦急性全身性疾患または発熱 ⑧運動療法が禁忌となるその他の疾患（中等度以上の大動脈瘤，重症高血圧，血栓性静脈炎，2週間以内の塞栓症，重篤な他臓器障害など）
Ⅱ．相対的禁忌	①NYHAⅣ度または静注強心薬投与中の心不全 ②過去1週間以内に体重が2kg以上増加した心不全 ③運動により収縮期血圧が低下する例 ④中等度の左室流出路狭窄 ⑤運動誘発性の中等度不整脈（非持続性心室頻拍，頻脈性心房細動など） ⑥高度房室ブロック ⑦運動による自覚症状の悪化（疲労，めまい，発汗多量，呼吸困難など）
Ⅲ．禁忌とならないもの	①高齢 ②左室駆出率低下 ③補助人工心臓（LVAS）装着中の心不全 ④埋め込み型除細動器（ICD）装着例

(高橋哲也，2009[8])

4. 呼吸器

維持期リハビリテーションにおいて，呼吸器の問題がみられることは多々ある．代表的な呼吸器疾患としては，日本における死因別疾患第9位（平成22年）となった慢性閉塞性肺疾患（COPD；Chronic Obstructive Pulmonary Disease）があげられる．呼吸器疾患自体がなくても，加齢による低体力により息切れを呈する場合はよくみられる．本項では，実際に事前に把握しておきたい情報，対象者との対面時・リハビリ施行中・終了時までの流れの中で，注意すべき点を述べていく．また，COPD患者で留意すべき症状，パニックコントロールについて紹介する．

（1）リハビリテーションにおいて注意すべき点

a) 対象者と対面する前の事前情報

在宅リハビリにおいては，病態を把握するために事前に各種検査結果の情報収集を行うことが重要である．呼吸器疾患など息切れに関連する疾患の情報を確認しておく．呼吸器疾患に対し，リスク管理上重要な検査結果・評価項目を**表5-8**に示す．しかし，現場では必ずしもすべての検査が網羅されていないことが少なくないため，必要であれば担当のケアマネジャー等と協力し，かかりつけの病院における検査項目の情報を入手することも重要である．呼吸機能検査（スパイロメトリー）は換気障害のタイプと重症度を大まかに把握することが可能であり，ポータブルタイプの測定器もあるため，在宅でも検査をするのは可能である．

b) 対象者との対面時

まずは病態を把握するために，視診にてチアノーゼ，ばち指（図5-1）などの有無を確認する．次に呼吸様式，呼吸補助筋の使用の有無を確認し，息切れのしやすさを把握しておく．安静時では低酸素血症を生じない安定期のCOPD患者でも，運動に伴う低酸素血症を招くことがある．運動中との変化を確認するために，パルスオキシメータにより安静時のSpO_2を把握する．SpO_2は，ヘモグロビン酸素解離曲線（**図5-2**）により血液ガス分圧を大まかに評価するうえでも役立つ．慢性呼吸不全の状態は室内気吸入時のPaO_2が60mmHg（SpO_2は90％）以下の状態が1か月以上持続するものとされ，$PaCO_2$が45mmHg未満であればⅠ型呼吸不全，45mmHg以上であればⅡ型呼吸不全に分類される．

c) リハビリ施行中・施行後の対応

運動療法を施行するにあたっての中止基準を**表5-9**に示す．運動療法中はBorgCR-10スケー

[表5-8] リスク管理に必要な検査・評価項目

病態の把握に必要な検査項目	・胸部X線写真，胸部CT ・動脈血液ガス ・スパイロメトリー 　（FEV_1，$FEV_1\%$，$\%FEV_1$） ・フローボリューム曲線 　（波形，V_{50}，V_{25}） ・肺気量分画，肺拡散能 ・クロージングボリューム
臨床症状の評価項目	・呼吸困難感 　（MRC息切れスケール） ・全身疲労感（Borgスケール） ・呼吸音 ・呼吸数 ・安静時，運動時動脈血酸素飽和度 ・視診，触診，打診 ・呼吸パターン ・咳および痰の性状（色・量） ・発熱の有無

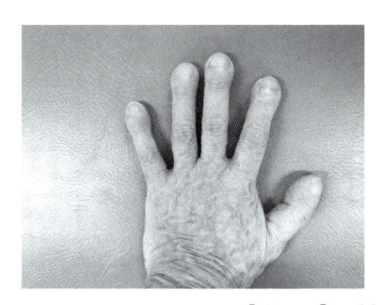

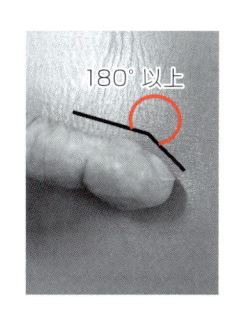

[図5-1] ばち指
指趾の末端と爪との連結部を横からみた場合，ばち指は爪と皮膚とのなす角度が180°以上となる．EIH（運動誘発性低酸素血症）を予測するために重要である．

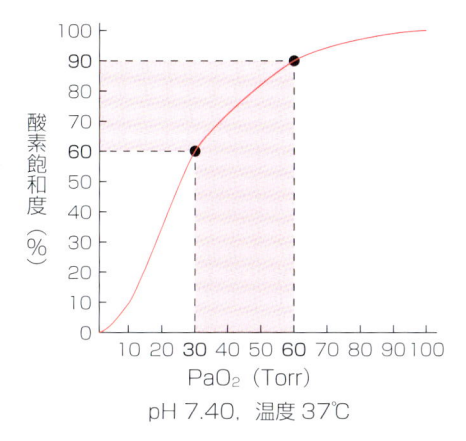

[図5-2] ヘモグロビン酸素解離曲線
SpO_2 90％は，PaO_2 60Torrに相当する．

[表5-9] 運動療法の中止基準

呼吸困難	Borg CR-10 スケール 7〜9
その他の自覚症状	胸痛，動悸，疲労，めまい，ふらつき，チアノーゼなど
心拍数	年齢別最大心拍数の85％に達したとき（肺性心を伴うCOPDでは65〜70％），不変ないし減少したとき
呼吸数	毎分30回以上
血圧	高度に収縮期血圧が下降したり，拡張期血圧が上昇したとき
SpO_2	90％未満になったとき

（呼吸リハビリテーションマニュアル，2012[9]）

ルによる呼吸困難感，パルスオキシメータによるSpO_2の評価が一般的である．呼吸困難感に対しては，運動療法開始前に呼吸介助，排痰といったコンディショニングを行い，運動中には口すぼめ呼吸などによって，深くゆっくりとした呼吸パターンに調節する．運動療法中はSpO_2が90％以上を維持できるようにし，85％を下回った場合は一時運動を休止し，90％以上の回復を待って再開する．慢性呼吸不全患者には，運動により高度の低酸素血症を生じながら呼吸困難感などの自覚症状を伴わない症例もおり，このような場合はSpO_2によるモニタリングは必須である[10]．筆者の経験では，SpO_2は運動療法終了後や体位の変化によって数値が異なる場合があり，継続したモニタリングによりSpO_2の低下・回復パターンを把握しておくこともリスク管理のひとつの指標になると考える．運動療法終了時は呼吸パターンが乱れている場合もあるため，再度呼吸介助を施行し安楽な呼吸パターンに回復させてリハビリを終えることも必要な場合がある．

（2）呼吸器疾患で留意すべき症状

a）急性増悪

COPDの急性増悪は，薬物の変更が必要なほど呼吸器症状が悪化した状態である．ウィルス性気道感染（いわゆる風邪）が急性増悪を引き起こす原因として最も多く，風邪をひかないよう注意することが急性増悪の予防につながる．また急性増悪の早期発見・早期治療はCOPD患者の予後にも影響するため，非常に重要である．

急性増悪は呼吸困難感や咳嗽，喀痰といった症状の急激な変化に基づいて診断されるため，それらの日常的な評価が重要となる[11]．緊急性を要する状態としては，安静時において30回以上の頻呼吸，SpO_2 90％以下，120回/分以上の頻脈，意識障害などである[9]．これらの症状がみられる場合は，リハビリは中止し，主治医に報告し指示を仰ぐ，もしくは受診を勧めるといった対処が重要である．

b）運動誘発性低酸素血症

安静時では低酸素血症を生じない安定期のCOPD患者でも運動時に低酸素血症を招くことがある．通常，運動に伴うSpO_2の低下が4％以上であれば有意とされる[12]．運動誘発性低酸素血症（EIH；Exercise Induced Hypoxemia）は重度の肺気腫や間質性肺炎に生じやすい．肺気腫は肺過膨張に伴う換気効率の低下や心拍出量の低下に影響され，間質性肺炎は主に肺胞壁間質肥厚に基づく拡散障害によって引き起こされる．このような対象者の場合は，運動は少数頻回でこまめに休憩をはさむ，口すぼめ呼吸や運動中の呼吸指導を行い肺への換気量を十分に確保したうえで低強度運動から実施する，といった対応も考える．

c）CO_2ナルコーシス

高炭酸ガス血症を示すⅡ型の慢性呼吸不全患者では，CO_2に対する呼吸中枢の感受性が低下しているため，酸素濃度によって換気調節が行われる．このような対象者において，低酸素血症が出現したからといって安易に高濃度の酸素投与を行うと，酸素濃度が上昇することで呼吸中枢が勘違いし呼吸を抑制させてしまうため，意識障害や呼吸停止を来す．これをCO_2ナルコーシスという．症状は頭痛，発汗，顔面紅潮，血圧上昇に始まり，次第に傾眠から昏睡に陥る．このような患者の血液ガスデータは$PaCO_2$が常に上昇しており，pHは腎性代償によって安定している場合が多い（表5-10）．そして，運動時のSpO_2（PaO_2）が80％台まで低下しても呼吸困難感を強く感じない例が臨床においてよく見受けられる．また，なかには上記の症状のうち，意識障害とまではいかず，頭痛や眠気を訴える例もたびたび見受けられる．特にこのような例に対しては，SpO_2が低下するから酸素流量を増やすといった安易な酸素投与は注意が必要であり，在宅酸素症例においては主治医に酸素吸入量調節の可否について事前に確認しておくことが重要である[13]．

（3）パニックコントロール

労作や運動に伴い，呼吸の苦しさのあまり強い不安感とともにパニック状態，もしくはそれに近い状態になることもある．パニックコント

[表5-10] 血液ガス分圧の正常値とⅡ型慢性呼吸不全患者の数値

	正常値	Ⅱ型慢性呼吸不全患者
SpO_2(％)	95〜98	96
PaO_2(mmHg)	80〜100	89.6
$PaCO_2$(mmHg)	35〜45	48.5
pH	7.35〜7.45	7.45
HCO_3^-(mmol/L)	22〜26	33.5

Ⅱ型慢性呼吸不全患者のPaO_2は正常ではあるが，$PaCO_2$は正常値と比べ高値を示している．それにも関わらず，pHは正常範囲内であるが，それはHCO_3^-がやや高値となって代償しているためである．この状態で急性増悪になるとHCO_3^-による代償は限界となり，呼吸性アシドーシスにより，pHは低下して低酸素状態となる．さらに，PaO_2（SpO_2）の低下に対して安易に高濃度酸素を投入すると，呼吸抑制により呼吸性アシドーシスに拍車をかけてしまう．

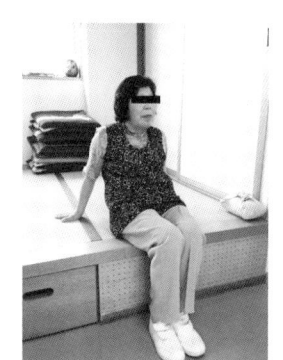

[図5-3] 安楽な姿勢の例
事前にどのような姿勢が安楽か確認しておく．

ロールとは，患者自身が呼吸を調節し呼吸困難感を解消させることである．具体的には，①SpO$_2$測定値を患者自身に確認させて問題がないことを説明する，②口すぼめ呼吸を促し自身の安楽な姿勢をとらせる（**図5-3**），③その場にセラピストがいれば，安楽な姿勢の状態でセラピストが呼吸介助手技を加え，徐々に呼気時間が延長するように誘導する，といった対応が必要である[9]．

（川越　厚良）

5. 骨粗鬆症

骨粗鬆症は骨強度が低下する疾患であり，骨折の基盤となりやすく，軽微な外力でも骨折を起こしやすい．この項では，転倒予防に関連付けて，骨粗鬆症患者に多い脊椎圧迫骨折，転倒リスク管理，また骨折のリスク評価方法について述べる．

(1) 骨粗鬆症性脊椎圧迫骨折

脊椎圧迫骨折の発生率は女性で高く，50歳以降に急激に増加していく．発症により死亡率が高まり，日常生活における活動量やQOLの低下を招く．多くは胸腰椎移行部，中部胸椎にみられるが，ほとんどは不顕性骨折である．発症当初はX線写真上の変化に乏しく，その後徐々に圧潰してくることが多く，骨折椎体数が多くなるにつれて新たな骨折のリスクが増加し，QOLは低下すると報告されている[14]．

日常生活での動作では，くしゃみや起き上がり時の体を捻る動作など軽微な外力でも発生するとされている．

理学療法では，①無理な起居動作の誘導を極力減らす，②立ち上がりの際はゆっくり座ることを意識させる，③振り向くときは身体全体で振り向き，体を捻じらない，といったことに注意しながら進めていく．

多椎体に及ぶ骨折は変形を増強させ，身長の低下，円背，下部肋骨と骨盤との距離の低下などが生じるため，注意深い観察が重要となる．維持期リハビリテーションにおいては，それらの評価による早期発見と対処に努め，椎体変形の進行抑制も兼ねて，体幹伸展を中心とした体操指導（**図5-4**），および背筋群を中心とした体幹筋の筋力増強運動（**図5-5**）を行っていく．

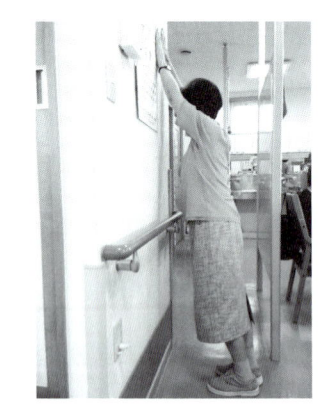

[図5-4] 体幹伸展ストレッチ例
腰背部の筋群の過緊張を和らげ，伸展可動域を維持・増加させる．

[図5-5] 背筋群の筋力増強運動例
自宅のクッションなどを利用し，脚を高くした位置から殿部を挙上させる．

(2) 転倒予測の評価と転倒予防に向けた取り組み

高齢な骨粗鬆症患者における運動療法の目的には転倒予防が含まれる．転倒リスクの評価システムとしては，『リハ安全ガイドライン』[15]においても示されている（**表5-11**）．これは6項目の評価で構成され，10点満点の評価であり，配点に応じて転倒のリスクが評価される．

また身体機能に応じた転倒リスクのスクリー

[表5-11] 転倒・転落アセスメントスコア

評価項目	配点
1. 転倒したことがある(入院前または入院後).	3点
2. 歩行に介助または補助具が必要である.	2点
3. 判断力が低下している(記憶・理解・注意力低下, せん妄, 不穏).	2点
4. 日常生活に影響する視力障害がある.	1点
5. 頻尿・尿失禁がある. または, 排尿動作に介助が必要である.	1点
6. 薬(睡眠・精神安定剤, 降圧・利尿薬)を服用している.	1点
合計得点	点

7〜10点:よく起こす, 4〜6点:起こし易い, 0〜3点:起こす可能性がある

(前田真治, 2007[15])

[表5-12] 各種検査における転倒の危険性の有無を分けるカットオフ値

検査項目	転倒リスクがあるカットオフ値
STRTIFY	該当項目が2項目以上(点数が2点以上)
Fall Risk Assessment Tool	合計点が3点以上
Elderly Fall Screening Test	該当項目が2項目以上
Dynamic Gait Index	合計点が19点以下
Berg Balance Scale(BBS)	合計点が45点以下
Timed Up and Go test (TUG)	所要時間が10〜16秒以上
Functional Reach Test (FRT)	リーチ距離が15cm以下

ニング評価として,STRTIFY[16],Fall Risk Assessment Tool[17],Elderly Fall Screening Test[18],Dynamic Gait Index[19],Berg Balance Scale(BBS)[20],Timed Up and Go test(TUG)[21]やFunctional Reach Test (FRT)[22]が一般的に行われる.これらは重心動揺計といった計測機器を必要としない臨床的なスクリーニングテストである.テスト方法の詳細については引用文献を参照してほしい.結果の時間や点数によって転倒の危険性がある群と危険性のない群に分けることができ,そのカットオフ値を表5-12に示す.在宅生活においては絨毯の端や電気コードといった物理的な障害物や,テレビやラジオの聴覚から情報など注意を妨げる場面が多々あり,二重課題下での身体機能検査なども有用な検査であると考える[23].

転倒予防介入として,福祉用具の導入により在宅環境を整備することは重要で,自宅に訪問して行うサービスの最も得意とする介入である.具体的には,置き手すりや突っ張り棒型手すり,ベッド固定型手すり,Pick-up walkerやブレーキ付き歩行車などを導入すべきか検討する.さらに住環境の確認として,玄関や部屋の敷居といった段差や方向転換する場所,浴室といった滑る場所,カーペット電源コードといった動線の障害物,日陰や夜間の暗い場所などを確認して対処することも重要である.転倒そのものを予防するものではないが,介護製品の下着として一般販売されているヒッププロテクターの導入を勧めてみることもひとつの対策案である.

(3) 骨折リスク評価

骨密度は骨折リスクを規定する重要な因子であるが，現状では骨密度測定をすべての人に行っているわけでなく，対象者の骨密度の情報を把握できないことも考えられる．そこで，臨床において骨密度を測定せずに高リスク者を判別できるように開発されたツールがFRAX®である．

FRAX®は12の危険因子で向こう10年間の骨折確率を評価するツールである．危険因子は年齢，性別，大腿骨頸部骨密度（ない場合はBMIで代用），既存骨折，両親の大腿骨近位部骨折歴，喫煙，飲酒，糖質コルチコステロイド使用，関節リウマチ，続発性骨粗鬆症であり（表5-13）．FRAX®のwebサイト[24]にアクセスし，自国のFRAX®を選び，上記の危険因子を入力すると，主要骨粗鬆症性骨折の10年間の骨折確率（％）が算出される．

FRAX®の有効性に関しては世界の11のコホートを使って評価されており[25]，大腿骨頸部の骨密度がない場合でも実際に観察された骨折率と強い相関が認められたとの報告がある[26]．危険因子における飲酒や糖質コルチコイドなどについては，用量が増加すると骨折リスクはFRAX®で求められた骨折確率より高くなる．また，転倒が多い症例に関しても実際の骨折リスクが高くなる．このような，骨折確率を基に個々にアドバイスをすることも，骨折予防につながるのではないかと考える．

（川越　厚良）

[表5-13] FRAX®に必要な入力項目

項　目	
年齢	歳
性別	男 / 女
体重	kg
身長	cm
既存骨折の有無	なし / あり
両親の大腿骨近位部骨折歴有無	なし / あり
現在の喫煙の有無	なし / あり
糖質コルチコイドの使用の有無*	なし / あり
関節リウマチの有無	なし / あり
続発性骨粗鬆症の有無	なし / あり
飲酒の有無**	なし / あり

* 現在服用しているか，過去にプレドニゾロン服用時に1日5mg以上を3か月服用していた場合は「あり」．
** ビール285mL，蒸留酒30mL，ワイン120mL，食前酒60mLを3本以上摂取している場合は「あり」．

6. 末期がん

末期がん患者に対するリハビリの目的は，患者と家族の要望を十分に把握したうえで，その時期に応じて，できる限り可能な最高のADLを実現することである．リスク管理としては，設定したゴールに応じて実施するリハビリの利益（ベネフィット）をいかに高め，リスクをいかに低くするかを念頭に置く必要がある．

（1）病期別がんのリハビリテーション分類

がん患者のリハビリは，がん発見から治療開始までの予防的，治療開始後の回復的，再発・転移などに対する維持的，そして末期がんにおける緩和的リハビリの4つに大きく分類される．在宅でのリハビリは，多くは末期がん患者に対する緩和的リハビリであり，患者の要望を尊重しながらQOLの高い生活を送るための援助が主な目的となり，疼痛や呼吸困難感，浮腫の軽減，拘縮・褥瘡予防のために介入していく段階である．緩和ケアは，生命を脅かす疾患による問題に直面している患者とその家族に対し，早期より痛み，身体的・心理社会的・スピリチュアルな問題に関して評価し，それが障害とならないように予防・対処することでQOLを改善するためのアプローチとされる[27]．緩和ケアはどの病期においても重要であり，最大のQOLを目指す医療である．

（2）リハビリテーションにおける中止基準と留意点

がん患者のリハビリにあたっては，中止基準（表5-14）を参考に情報を収集し，該当する場合には運動の可否，運動内容について主治医と相談する必要がある．練習可能と判断された場合でも状態の変化に常に注意を払いリハビリを行う必要がある．比較的初期の段階では患者自身動ける場合が多く，過度な運動量に注意する．運動処方は施行する回数を30回とすれば10回を3セットに分けるといった少数頻回を心がける．また，がんの告知の有無と患者本人の病状理解を把握していくことは重要である．併存症として認知症を有する患者には，家族の意向で告知されていないケースが多い．

[表5-14] リハビリテーションにおける中止基準

1. 血液所見：ヘモグロビン7.5g/dL以下，血小板（PLT）20,000/μL以下，白血球数3,000/μL以下
2. 骨皮質の50％以上の浸潤，骨中心部に向かう骨びらん，大腿骨の3cm以上の病変などを有する長管骨への転移
3. 有腔内臓，血管，脊髄の圧迫
4. 疼痛，呼吸困難，運動制限を伴う胸膜，心嚢，腹膜，後腹膜への浸出液貯留
5. 中枢神経系の機能低下，意識障害，頭蓋内圧亢進
6. 低・高カリウム血症，低ナトリウム血症，低・高カルシウム血症
7. 起立性低血圧，160/100mmHg以上の高血圧
8. 110/分以上の頻脈，心室性不整脈

〔Gerber LH, et al., 1998[28]〕

(3) 治療による副作用

抗がん剤治療では，服薬中の薬物の副作用などを確認し，動悸などの自覚症状に注意しながら，安静時＋10～20回/分程度の心拍数から少しずつ負荷を増加させていく．放射線治療による副作用は急性または慢性の副作用に分かれ(**表5-15**)，リハビリでは易疲労状態，廃用に注意し，翌日に疲労が残らない程度とする．また，化学療法・放射線治療中には骨髄抑制が生じる可能性もあり，運動量の調節も重要である(**表5-16**)．

(4) 下肢静脈血栓と骨転移

進行がん患者では血液が固まりやすくなるために，血栓・塞栓症のリスクが増加する．下肢静脈血栓（DVT：Deep Vein Thrombosis）の危険因子には悪性疾患，化学療法（抗がん剤使用）があげられており，がん患者はすべてDVTのリスクがあると考える必要がある．DVT回避のメニューを導入することやリンパ浮腫との鑑別が重要であり，一般的な臨床症状の確認（下肢の腫脹，熱感，発赤，発熱，頻脈）やHomans-sign，Lowenberg-signといったスクリーニングテストも有用である(**図5-6, 7**)．

また，骨はがん転移の好発部位であり，がん患者が疼痛を訴えた場合には常に骨転移の可能性を念頭に置く必要がある．転移を生じやすい部位は，脊椎・骨盤・大腿部であり[29]，脊椎では脊髄圧迫による麻痺の出現，荷重部である骨盤・大腿骨では骨折に注意が必要である．骨転移による痛みの場合は，麻痺や骨折を生じる前に対処することが重要であり，必要であれば他職種に報告し情報共有する．リハビリでは捻転させないようにするなど，転移部の負荷を控えた方法での運動療法やADL指導を行う．

[表5-15] 放射線治療中・後の副作用

急性副作用	全身症状：嘔気，食欲不振，倦怠感 局所症状：皮膚粘膜炎症，浮腫
慢性副作用	中枢神経・末梢神経障害，リンパ浮腫，骨壊死，咽頭・喉頭浮腫

[表5-16] 化学療法，放射線療法中の骨髄抑制

血小板数 (Platelet: PLT)	
3万/μL以上	運動制限なし
1～2万/μL以上	有酸素運動主体，抵抗運動行わない
1万/μL以下	積極的訓練は行わない

[図5-6] Homans-sign
患肢を伸展させ，足部を背屈させる．腓腹筋部に疼痛が出現すれば陽性．

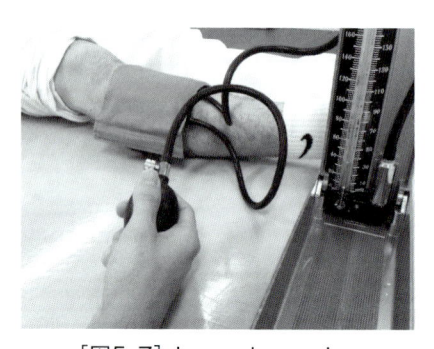

[図5-7] Lowenberg-sign
血圧計のマンシェットにより20～30mmHgの圧迫を加える．疼痛が出現すれば陽性．

(5) 全身状態の把握

　胸水・腹水が貯留している状態では，動作によって動脈血酸素飽和度が低下しやすいため，できる限り少ないエネルギーで動作を遂行できるように指導する．そのためのベッド周辺や家屋環境の調整も重要である．四肢の浮腫には膠質浸透圧低下による浮腫，静脈圧上昇による浮腫，リンパ浮腫といった要因が考えられるが，圧迫やドレナージにより，胸水・腹水が増悪することがあり，呼吸困難感や腹部膨満感に注意する必要がある．特に尿量が少ないときには要注意である．

　悪液質は食欲不振と進行性の異化亢進に伴う全身性機能低下，細胞レベルにおける代謝異常であり，骨格筋蛋白量の減少により筋力・持久力が低下するため廃用症候群が生じやすい．また低栄養により褥瘡も発生しやすいため，臥床時間が多い場合はベッドの柔らかさや，定期的な体位変換を家族に指導することが予防につながる．がん進行による悪液質の増悪は避けられないが，できるだけ離床を促し機能維持を図ることが重要である．

（川越　厚良）

7. 疼痛

疼痛は，"5番目のバイタルサイン"とよばれるほど，血圧，体温，脈拍，呼吸数と同様に生命に関わる重要な指標とされている[30]．

訪問時に疼痛の訴えがあることは少なくない．その痛みが緊急を要するものなのか，様子観察で済まされるものなのか，一人で判断できる能力は非常に重要である．

例えば胸痛は，心筋梗塞や大動脈解離，肺塞栓症など生命に危険を及ぼす疾患が疑われ，その場合にはすぐに救急車を呼ぶ必要がある．また，心筋梗塞は関連痛として歯や顎，首や肩に疼痛が出現する場合がある．その際に，痛みを訴えるからといって首や肩のマッサージで済まさないで，医療従事者として"疼痛"を適確に評価できるかが，対象者の生命の存続を左右する重要なポイントとなる．

(1) 痛みの種類

急性の疼痛は発症部位によって，体性痛，内臓痛，関連痛に分けられる．

体性痛は限局した鋭い痛みで，はっきりと痛みの場所を言うことができる．痛みの場所が表在部位であれば皮膚粘膜由来であり，深在部位であれば筋骨格由来であると考えられる．

内臓痛は，体性痛に比べ痛みの部位が限局せず，鈍い痛みである．

関連痛は，上で述べた心筋梗塞時の首や肩の痛みのように，原因部位から離れたところに感じる痛みである．原因部位の求心性の痛み刺激が，同じ脊髄後根神経節にある皮膚神経を刺激してしまい，原因部位から離れたところに痛みが出現する．

その他に痛みの原因によって侵害受容性痛，神経因性痛，心因性痛に分類でき，末期がん患者で使用されるトータルペイン（全人的な痛み）での分類では，身体的痛み，精神的な痛み，社会的な痛み，スピリチュアルペインがあるなどさまざまである．

訪問時に疼痛の訴えがある場合は，問診項目"OPQRST"としてまとめられるポイント（表5-17）に注意して聞いていく[30]．

[表5-17] 痛みの問診項目OPQRST

Onset（発症のしかた）	突然あるいは徐々に起きたか．
Provocative factor（増悪因子） Palliative factor（寛解因子）	痛みを増悪する因子があるか． 痛みを寛解する因子があるか．
Quality（特徴・性質）	どのような痛みか．
Region（場所） Radiation（放散痛の有無） Related symptoms（関連症状）	どこが痛いか．実際に場所を触ってもらう． 放散痛があるかないか． 痛みと共に嘔吐や悪心，呼吸苦などがあるか．
Severity（強さ）	痛みの強さはどれくらいか．VASスケール※1～10で問う．痛みで眠れたか，動けたか．
Time course（発症時間とその持続時間，日内変動）	いつからどのくらいか．1日の中で変動があるか．

※VASスケール：visual analogue scale（視覚的アナログスケール）

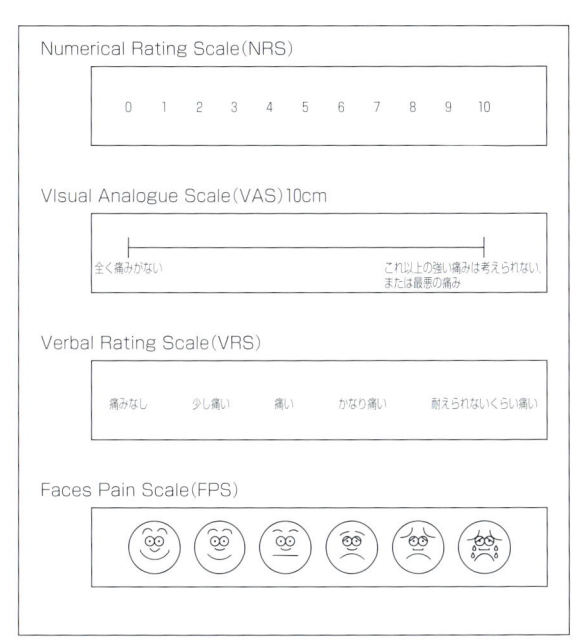

[図5-8] 痛みの評価スケール　〔Whaley et al., 1987[31]〕

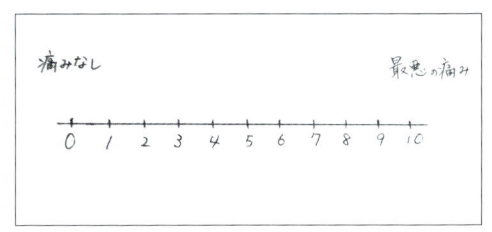

[図5-9] 手書きのペインスケール

(2) 痛みの評価

　痛みを客観的に評価するために，数値化することが必要である．

　一般的に用いられているものには，Numerical Rating Scale（NRS；数値的評価スケール），Visual Analogue Scale（VAS；視覚的アナログスケール），Verbal Rating Scale（VRS：口頭式評価スケール），Faces pain scale（FPS：表情評価スケール）などがある（**図5-8**）．認知機能が保たれている場合にはNRSやVASを用いることが多く，子どもや認知症のある高齢者で痛みを数字で表現することが困難な場合にはVRSやFPSが用いられる．

　訪問時には，ペインスケールものさしやプリントアウトしたもの（**図5-9**）を持ち歩くと便利である．

(3) 急性痛と慢性痛

　訪問時に痛みを訴える利用者は多くいるが，それが急性痛なのか慢性痛なのかを知ることが重要である．

　急性痛は主に術後疼痛や外傷による疼痛など器質的障害を主な原因とする痛みであり，慢性痛は数か月から半年以上持続する痛みであるが，長期化するほど心理面の要素が増大する．慢性痛では全人的苦痛として表現される部分が多いため，訴えをよく傾聴するよう心がける．

　例えば，「昨夜ベッドから滑り落ちたときからトイレに行けないほど痛い」と腰痛の訴えがある場合には，外傷による器質的障害を主な原因とする急性痛であり，整形外科の受診を勧める必要がある．「何年も腰が痛い」と訴える場合には，痛みを訴える筋群を触診し，筋組織の凝りや張りがあるかを評価する．マッサージなどで痛みが緩和する場合には緊急性を要さない慢性痛であり，運動療法の適応である．

　生活の中で多くの人が疼痛を経験したことがあり，慢性痛を保有している対象者も少なくない．その中で，一人で在宅を訪問する場合に最低限必要なのは，"緊急性を要する疾患が背景

に存在する疼痛"と判断できる能力である．特に注意が必要なのは，先述した通り，心筋梗塞や狭心症，大動脈解離や大動脈破裂といった生命を左右する疾患の関連痛である．

（金子　奈央）

●●第5章　参考文献●●

1) 日本高血圧学会高血圧治療ガイドライン作成委員会（編）：高血圧治療ガイドライン2004（JSH2004），2004.
2) 日本医師会（編）：運動療法処方箋作成マニュアル．医事新報社，1996.
3) 髙見彰淑（脳卒中（急性期）．脳・神経系リハビリテーション（潮見泰藏編），pp55-66，羊土社，2012.
4) 日本医師会（編）：運動療法処方箋作成マニュアル．医事新報社，1996.
5) 佐藤祐造・大崎陽子：糖尿病患者の運動療法のすすめかた．慢性疾患と運動，pp56-61，文光堂，1994.
6) 落合慈之（監修）：リハビリテーションビジュアルブック．糖尿病，pp161-169，学研，2011.
7) 日本糖尿病学会（編）：糖尿病ガイドライン2010．pp8-82，文光堂，2010.
8) 高橋哲也：循環障害のリハビリテーション．呼吸・心臓リハビリテーション（居村茂幸監修），pp113-210，羊土社，2009.
9) 日本呼吸ケア・リハビリテーション学会・他：呼吸リハビリテーションマニュアル－運動療法－第2版．pp53-56，照林社，2012.
10) 高橋仁美・他：呼吸器疾患の理学療法におけるリスク管理．理学療法学，39（5）：344-348，2012.
11) Global Initiative for Chronic Obstructive Lung Disease：Global strategy for the diagnosis, management and prevention of chronic obstructive pulmonary disease revised 2011, 2011 Global Initiative for Chronic obstructive Lung Disease, Inc.
12) 亀田メディカルセンターリハビリテーション科リハビリテーション室：リハビリテーションリスク管理ハンドブック　改訂第2版．pp104-111，メジカルビュー社，2012.
13) 井上登太：在宅医療におけるリスク管理．地域リハビリテーション，6（11）：825-833，2011.
14) 宮腰尚久：骨粗鬆症性脊椎椎体骨折に伴うADL・QOL障害．*MB Orthop*，18（7）：7-15，2005.
15) 前田真治：リハビリテーション医療における安全管理・推進のためのガイドライン．*Jpn J Rehab Med*，44：384-390，2007.
16) Oliver D, et al.：Development and evaluation of evidence based risk assessment tool（STRATIFY）to predict which elderly inpatients will fall: case-control and cohort studies. *BMJ*, 315：1049-1053, 1997.
17) Schmid NA：Reducing patient falls: a research-based comprehensive fall prevention program. *Mil Med*, 155（5）：202-207, 1990.
18) Cwikel JG, et al.：Validation of fall-risk screening test, the Elderly Fall Screening Test（EFST），for community-dwelling elderly. *Disab Rehab*, 20（5）：161-167, 1998.
19) Whitney S, et al.：Concurrent validity of the Berg Balance Scale and the Dynamic Gait Index in people

with vestibular dysfunction. *Physiother Res Int*, 8(4): 178-186, 2000.
20) Berg K：Balance and its measure in the elderly. A review. *Physiother Canada*, 41（5）：240-246, 1989.
21) Podsiadlo D, et al.：The timed 'up and go' test: a test of basic functional mobility for frail elderly persons. *Jam Geriatr Soc*, 39（2）：142-148, 1991.
22) Duncan PW, et al.：Functional reach: a new clinical measure of balance. *J Gerontol*, 45（6）：M191-197, 1990.
23) Yamada M, et al.：Dual-task walk is a reliable predictor of falls in robust elderly adults. *J Am Geriatr Soc*, 59（1）：163-164, 2011.
24) http://www.shef.ac.uk/FRAX/〔2015年4月28日最終確認〕
25) Kanis JA, et al.：The use of clinical risk factors enhanced the performance of BMD in the prediction of hip and osteoporotic fractures in men and women. *Osteoporos Int*, 18：1033-1046, 2007.
26) Tamaki J, et al.：Fracture risk prediction using FRAX: a 10-year follow-up survey of Japanese population-based posteoporosis（JPOS）cohort study. *Osteoporosis Int*, 22（12）：3037-3045, 2011.
27) WHO Definition of Palliative Care （http://www.who.int/cancer/palliative/definition/en/）〔2015年5月15日最終確認〕
28) Gerber LH, Vargo M：Rehabilitation for Patients with Cancer Diagnoses. In: Rehabilitation Medicine: Principles and Practice 3rd ed.（DeLisa JA, Gans BM eds.）, 1293-1317, Lippincott-Raven, 1998.
29) 川井　章・他：骨転移の診断と最新治療　がん骨転移の疫学. 骨・関節・靱帯，17：363-367，2004.
30) 松井和生：よく困る痛みの診かた. レジデントノート，14（13）：2445-2460，2012.
31) Whaley L, et al.：Nursing Care of Infants and Children 3rd ed.

> コラム：簡単に作れる自助具紹介!!

【湿布貼り】
〈対象者〉
　肩関節可動域制限などで背中や腰に湿布が貼れない人．
〈材　料〉
・つぼ押し器（布団たたきなどでも良い）
・マジックテープ（片面が粘着テープの物）
・段ボール（使用する湿布より大きいもの）
・ガムテープ
〈手　順〉
①段ボールを湿布よりやや大きめに切ったものを2枚用意する．
②①で切った段ボールの間につぼ押し器の先端（平らな面）をガムテープで固定し，重ねた2枚の段ボールの周りにガムテープを貼る．
③湿布を貼る面にマジックテープを貼り付ける（**図1**）．
④マジックテープのギザギザ面に湿布の表面を付ける（**図2**）．
⑤湿布のセロハンを取り，貼りたい場所に貼り付ける（**図3**）．
〈注意点〉
　使用できる湿布は表が毛羽立ち，マジックテープにくっつくタイプの方が良い．

（金子　奈央）

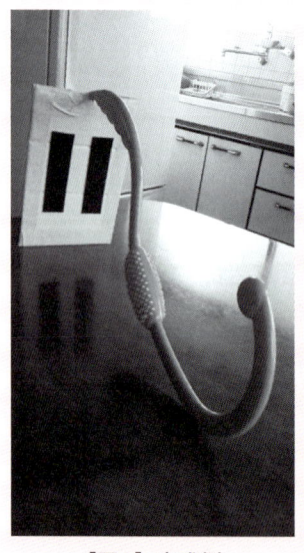

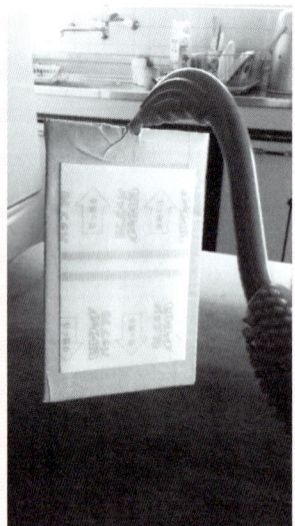

［図1］完成例　　　［図2］湿布貼り付け例　　　［図3］使用例

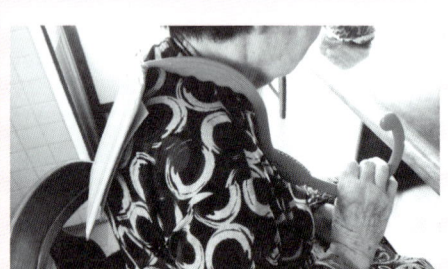

第6章

緊急時対応

1. 緊急時対応
2. 緊急時対応の実際

1. 緊急時対応

(1) 緊急時とは

在宅訪問リハビリ，通所リハビリで直面する緊急事態の例を**表6-1**に示す．

在宅訪問リハビリ・通所リハビリでは，すぐそばに医師，看護師がいない．また医療機器も不充分である．各種の情報をすべて把握できないことも多く，緊急事態の対処は難しい．在宅で生活している患者・対象者の障害像は多様である．また，彼らを取り巻く環境も多様である．自身の現場での状況判断が，患者・対象者の予後に重大な影響を及ぼす可能性がある．

訪問リハビリ・通所リハビリでの緊急事態を緊急事態だと正しく認識し，見逃さないためには，「いつもと違う!!」と気付くことが重要である．

リハビリスタッフは医療従事者であり，緊急時においては，具体的に疾患や障害に関する知識を持ち，疾患によって引き起こされる症状や問題点が示すことを理解し，正しい判断をして主治医や看護師につなぐ役割を持っている．また，それらを理解しやすい言葉で介護者である家族や介護職に解説できることも必要であり，介護と医療をつなぐ役割をも持っている．

緊急事態に気付くためには，日頃からの情報，観察が不可欠である（**表6-2**）．

気付いたらリスク管理同様，気付いたことを報告・連絡・相談する．連携することで患者・対象者，自身，組織を守ることができる．

[表6-1] 緊急事態の分類

①病状の変化	患者・対象者自身の基礎疾患や合併症の増悪，再発など
②介護者側の変化	介護者やサービス提供側の介護力の変化（事故，入院など）
③使用機器などの異常	車椅子，電動ベッド，歩行器，人工呼吸器，吸引器などの不具合
④災害	地震，火事，水害，突風など

[表6-2] 情報・観察項目

情　報	観　察
年齢 正確な病名 障害（何が問題なのか） 内服薬 医師からの指示（どのように言われているか） コミュニケーション能力（認知面） いつもの食事（食欲） 排泄状態 最近のエピソード（転倒，発熱など） 発汗 振戦	表情を含めた全体の反応，顔色，声 皮膚状態（浮腫，チアノーゼ，冷感など） 身長／体重 バイタルサイン（血圧，脈拍，呼吸，酸素飽和度など） 喘鳴

(2) 緊急時対応の基本

基本的に意識，呼吸，脈拍を確認する（血圧，SpO_2測定など）．また，訪問時，通所利用時には，大きく分けて以下のような対応をすることになる．

① 様子をみてみる，あるいは近日中の受診を勧める．
② 早めの受診を促す[1]．

- 意識レベル，バイタルサインに異常がある
- 症状が強い
- 最近発症したもの
- 症状が増悪傾向にある
- 危険な疾患が除外できない
- 経口摂取，水分摂取ができない

③ 救急車を要請する，あるいはただちに主治医，訪問看護師に連絡する．

また，リハビリスタッフは一次救命処置（BLS：Basic Life Support）を身につけておくべきである．BLSを進める手順は**図6-1**の通りである．

（ジョーンズ　佳子）

Circulation：心臓マッサージ
↓
Airway：気道確保
↓
Breathing：人工呼吸
↓
Defibrillation：除細動（使用できれば）

[図6-1] BLSの手順

2. 緊急時対応の実際

以下に，実際に訪問リハビリや通所リハビリで筆者が経験した具体的な事例をもとに，緊急時に行った対応について述べる他，対応を判断する際のポイントを一部列挙する（個人情報に配慮し，一部情報を改変してある．また，症状が重篤で救急車を要請する必要が明らかである場合ではなく，判断に迷うような事例をあげる）．

（1）急な発熱

利用日前日や当日早朝から発熱のある場合，訪問リハビリや通所リハビリの利用は中止になることが多い．しかし，患者本人や家族が判断できないなどの場合は，通常通りサービスを利用されることもある．リハビリを通常通り実施するのか，中止するのか，主治医等にただちに連絡するのか，現場での判断が重要である．

発熱を生じる頻度の高い疾患には，急性上気道炎，肺炎，インフルエンザ，尿路感染などがある．また，緊急性の高い疾患には，髄膜炎，敗血症，腹膜炎などがある．

リハ安全ガイドライン基準[2]によると，安静時体温が38℃以上では，積極的なリハビリを実施しないとあるが，施設独自のガイドラインを設置している場合もあるため，確認しておく必要がある．

■事例1：46歳男性．脊髄損傷（C4レベル）．起居移動動作，日常生活動作は全介助．尿道カテーテル留置．37℃台前半の微熱が2日間ほど続いていた．訪問時，尿混濁（浮遊物あり，色調は赤褐色に近い）がみられ，尿路感染症が疑われた．

対 応

①不快感，違和感などはみられず，日常生活にも特に影響はなかった．
②微熱以外のバイタルサインには異常なかった．
③本人の希望，身体状態を確認しながら，リハビリを通常通り実施した．
④終了後，在宅訪問診療看護師に連絡し，定期の診察日に主治医に診察してもらうこととなった．

■事例2：70歳男性．B型肝炎，肝硬変，糖尿病．訪問すると「昨日の夕方40℃近くの熱が出た」とのこと．今は熱もなく食事もできて，普段と変わりなく，元気な様子である．

対 応

①バイタルサインを確認．特に異常なかった．
②高熱後の影響もなく，日常生活の状況にも変化はなかった．
③リハビリは通常通り実施した．
④繰り返し発熱することや，同じ時間帯に発熱することなどが続く場合は，早めに受診するように勧めた．

◆ポイント

患者の状態：「熱がある」「悪寒がある」「震えている」など

確認項目：
- 意識レベルはどうか？
- 熱の程度はどうか？
- いつから発熱しているか？
- 水分や食べ物の摂取は可能か？
- 尿量が減っているか？　また，尿の色が濃くなっているか？
- 皮膚や唇が乾いているか？　顔色はどうか？
- 口渇感があるか？

- 基礎疾患に糖尿病，肝硬変など，日和見感染を起こしやすい疾患を持っているか？

（2）急な呼吸困難

呼吸困難とは，呼吸苦，息切れなどの自覚症状であり，主観的なものである．咳嗽，喀痰上昇などの他覚的症状がみられることもある．観察点は呼吸数，チアノーゼ，SpO_2，体温などである．また，呼吸困難の性状についても確認して対応する必要がある（**表6-3**）．在宅酸素療法中や，人工呼吸器管理下では機器の異常のこともあるため，それらの点検観察をすることも必要である．

対応は，まず安静にすること，内服薬（吸入薬）を確認すること，気道吸引を行うことなどである．

■事例：82歳女性．間質性肺炎，慢性心不全．リハビリ（自宅内歩行練習）中に呼吸の乱れ，息切れを生じ，呼吸困難感を訴えて立ち止まる．

対 応
① 安全な場所に移動し，座らせた．
② バイタルサインを確認する．SpO_2は94％，脈拍89/分．呼吸回数は24回/分．その他の数値には異常なかった．
③ 自覚症状を再度確認，本人に対し，より安楽な姿勢をとるよう促した．
④ 痰の移動するゼロゼロ音が聞かれ，喀痰上昇あり，自力で排出した．
⑤ 呼吸状態は徐々に落ち着いた．その後は，ごく低負荷の運動（コンディショニング程度）を行い，リハビリ終了とした．
⑥ 終了後も何か変化があったら，訪問看護ステーションに連絡をするよう伝えた．（24時間対応しているが，その後連絡はなかった．）

◆ポイント
患者の状態：「息苦しい」「喉がつかえる」「動くと息切れがする」「浅く速い呼吸」「肩で息をしている」など
確認項目：
- のど元を押さえて苦しがっているか？
- 突然苦しくなったか？
- 胸の痛みを伴っているか？
- 多量の痰が出るか？ 痰の性状はどうか？
- むせこみや口周囲に吐物による汚れがあるか？
- 意識の変化・冷汗を伴っているか？ 皮膚状態はどうか？
- 発熱はあるか？

（3）誤嚥・誤飲

食物の誤嚥が比較的多くみられるが，認知機能低下などにより，食物でない不適切な固形物や液体物を飲み込んでしまう誤飲の可能性もある．

食物の誤嚥に関して，リハビリスタッフは食事介助に携わることは少ないが，ADL指導などで関わることが度々ある．食事の際の姿勢は非常に重要で，介護者への指導確認が不可欠である．また，姿勢の他，食事形態の工夫，一口量，ペース，途中で話しかけないなど，食事介助の際の注意点も同時に伝える必要がある．口腔のケアに関する指導を行うこともある．

高齢者では，誤嚥していても発熱やむせ・咳き込みなどの症状がみられないことも少なくな

［表6-3］呼吸困難の性状

・いつから息苦しいのか
・どのようなとき（運動，感情，姿勢）に息苦しさは改善，あるいは増悪するのか
・短期的，長期的にはどのように変動しているのか
・どのくらい強いのか
・どのように息苦しいのか
・局所性はあるのか
・原因としては何が思いつくか

（塩谷隆信・他，2011[3]）

いため，注意を払う必要がある．

> ■**事例1**：87歳男性．食事はベッド上，ギャッジアップで全介助．飲み物や水分の多い食物ではむせることが多い．一回の食事に30分以上の時間がかかり，痰の絡みも多い．訪問リハビリ中，摂食状態の確認をするため，食事介助を実施していた．複数回，咳き込みやむせがみられた．

対応
①嚥下途中に，急に唸り声が聞かれたため声をかけた．
②呼吸，咳嗽，発声が可能か確認した．（口頭指示に対する反応は良好）
③口腔内を確認すると，食物の一部と痰が絡んでいた．
④呼吸，咳嗽が可能であったため，自力での痰の喀出を促した．
⑤自力で排痰でき，バイタルサインにも異常なかった．
⑥主治医往診（毎週）の際に，現時点での嚥下状態を伝えてあったため，緊急での報告は行わなかった．（報告書に記載して提出した）

> ■**事例2**：97歳女性．食事は全介助．リハビリのため訪問すると昼食直後で，湿性嗄声や唸り声，複数回の咳き込みがみられた．食事の際には，毎回車椅子に移乗しているため，車椅子座位のままで過ごしていた．

対応
①意識状態，呼吸，その他のバイタルサインを確認した．特に異常なかった．
②口腔内を確認したところ，ごく少量の食物残渣がみられた．
③食塊が喉頭内に残存している喉頭侵入と考えられた．
④吸引器を用意してあったため，吸引を試みたが，唾液が多く吸引された．
⑤湿性嗄声は徐々に消失し落ち着いた．
⑥その後，ベッドに移乗し，端座位でのリハビリを実施した．

※訪問看護師が口腔のケアを指導，ご家族にも実施していただいていた．リハビリ後，往診歯科医に状態を相談，必要に応じて歯科医の診察も受けるようご家族に勧めた．

◆**ポイント**

患者の状態：「むせ」「咳き込み」「唸り声」「不適切な固形物や液体物を呑み込んだ」など
確認項目：

- 呼びかけに応じられるか？　意識レベルはどうか？
- 息苦しさはあるか？　のど元を押さえて苦しがっているか？
- 顔色は青紫色か？
- 胸やおなかの痛みはあるか？
- 異物を呑み込んだ可能性があるか？
- 呑み込んだものを確認できるか？（口腔内）
- どれくらいの時間が経過しているか？

（4）意識障害

意識障害の原因となりうる疾患は数多くある．意識障害の中で緊急性の高いものは脳血管障害，循環器疾患である．意識状態でよくみられるものは，せん妄，低血糖，失神，脳血管障害の再発などである．意識状態の悪化がみられた場合は，ただちにリハビリを中止する[2]．

意識障害の重症度評価としてはJCSやGCSなどが良く知られているが，バイタルサインなどの身体所見の他，意識障害の発症状況なども確認し，医師に報告する必要がある．

> ■事例1：90歳男性．脳梗塞後遺症．起居移乗動作は見守りにて可能で，短距離であれば歩行車を使用して歩行も可能であった．しかし，訪問すると意識朦朧としていた．声かけなどの刺激には何とか開眼．口頭指示に従った四肢運動も可能であったが，反応が鈍く動作も非常に緩慢であった．家族は，眠っているだけ，と考えていた．

対応
① バイタルサインを確認した．体温が37.2℃という以外，特に異常なかった．
② 声かけなどの刺激を継続しながら，室温，湿度，環境の確認をした．室温，湿度が高かったため，水分摂取状況を確認すると食事時以外，ほとんど水分を摂っていなかった．
③ 緊急所見はなかった（麻痺なし，痙攣なし，構音障害なし他）が，その後も様子を観察継続した．徐々に覚醒された．
④ その場で，ケアマネジャーに電話連絡をした．⇒ケアマネジャーは主治医に連絡した．
⑤ その日の夕方，主治医が緊急往診し，脱水と診断．点滴治療開始となった．

> ■事例2：81歳女性．通所リハビリ利用中，昼食後に他の利用者らと共にテーブルに座って寛いでいたところ，突然意識消失した．急にテーブルに突っ伏した状態となり，尿失禁もみられた．（車椅子座位であった）

対応
① 他の利用者とのリハビリ中（応用歩行練習）に，緊急事態を発見した．
② 発見したスタッフ自身はただちに対応できなかったため，他の職員に声をかけ，協力を依頼した．（大きな声を上げると他の利用者を動揺させるため，一番近くにいた職員に）
③ リハビリ中の利用者を安全な場所に移動させ腰かけさせ，介護職員に見守りを依頼した．
④ その後，意識消失した対象者への声かけを行ったが，反応は全くなかった．
⑤ 周囲の利用者が動揺しないよう，静かに車椅子のまま，他の職員とともに別室に移動させた．
⑥ 全介助にてベッドに移乗させ，背臥位をとらせた（枕は使用せず）．
⑦ 看護師がバイタルサインを確認したところ，血圧の低下がみられた．それ以外の緊急所見はなく，嘔吐などもみられなかった．
⑧ 3分程度で意識レベル改善がみられ，状態悪化なく利用を継続した．
※上記対応中，他の職員が対象者家族に連絡をした．

◆**ポイント**

患者の状態：「反応がない」「眠りがちである」「いつもと様子が違う」「錯乱している」など
確認項目：
- 呼吸困難を伴っているか？
- 手足の動きがおかしい・力が入らない状態か？
- 顔の表情は非対称か？
- 言葉が話しにくい，呂律が回らない状態があるか？
- 突然症状が出現したか？
- 頭に傷がある，あるいは転倒した後か？
- 痙攣・手足の硬直はあるか？
- 頭痛・嘔吐を伴っているか？
- 発熱はあるか？

（5）骨折

訪問・通所のリハビリスタッフは，転倒転落場面に直接居合わせることは比較的少ない．自宅内での事故では，大きな外傷を負うことは稀である．交通事故や高所からの転落などとは違い，骨折とただちに判明しないことも多く，患者自身も痛みが増悪するまで気付かず動作継続していることもある．ただちに受診を勧めるか否か，判断が難しいことが多い．

> ■事例1：69歳女性．パーキンソン病，Yahrステージ Ⅲ．訪問日前夜，洗面所にて転倒．右下腿に痛みはあるものの自制内，形態異常はみられず，皮膚状態にも異常なく，立位歩行可能であった．荷重時痛があるとのことだったため，なるべく早めに受診するよう勧めた．しかし，3日後に再度訪問すると未だ受診はしておらず，痛みがみられた部位には腫脹，熱感，皮膚色変化が認められた（皮下出血が広範囲に広がっていた）．本人は変わらず，「痛い」と言いながら，自宅内歩行を継続していた．

対 応
① 状態確認（腫脹，熱感，皮膚状態観察，周径変化計測など）を行った．
② 骨折の可能性が考えられたため，ただちに受診を勧めた．
③ その場でかかりつけの総合病院救急外来に連絡し，タクシーで受診させた．家族は在宅していたが，同行しなかった．
④ 診察の結果，右腓骨亀裂骨折との診断で，そのまま入院となった．

> ■事例2：79歳男性．慢性心不全他，脊柱管狭窄症．起居移動動作は自立．立位・歩行の不安定さはみられるも独歩．訪問リハビリ当日早朝，自宅内で2度転倒したとのこと．痛みは自制内，床からの立ち上がりも自力で可能であった．しかし，家族が1週間程度不在の予定で外出しており，留守番中の再転倒に対する不安感が非常に強かった．また，重度心疾患もあるため，救急外来受診を自ら希望された．

対 応
① 転倒の状況，痛みの状態，バイタルサインを確認した．頻脈，不整脈出現はみられるも，著変なかった．
② 不安が非常に強かったため，ケアマネジャーと外出中の家族に連絡した．
③ 救急車を要請した．

※ 循環器科の主治医からは，異常があったらただちに受診するように，言われていたとのこと
④ 受診後，第5腰椎圧迫骨折との診断を受けたが入院とはならず，その日の内に自宅に戻る．家族は予定を変更して，急遽帰宅した．

◆ ポイント
患者の状態：「転倒転落した」「痛みがある」「腫れてきた」「熱っぽい」など
確認項目：
- 意識レベルはどうか？　反応があるか？
- 呼吸状態は正常か？　脈拍はどうか？
- 外傷はあるか？　形態異常はないか？　皮膚状態は？
- 痛みの程度は（安静時，圧痛，叩打痛）？部位は？
- 自動運動は可能か？

（6）急な疼痛

疼痛（痛み）は，自覚症状が主となる．痛みの感じ方，表現の仕方には個人差が大きくみられる．また，他覚的所見や画像所見はみられないことも多い．疼痛が起こる部位は身体各部に及ぶ．その原因は非常に多彩である．

発症の状況や経過，随伴症状（悪心，嘔吐，眩暈，複視，発汗，運動障害，感覚障害等）などを充分に確認する必要がある．

> ■事例1：82歳女性．くも膜下出血の既往あり，糖尿病，頸椎症，高血圧症他．起居移動動作は自立．早朝，急激な腹痛（左側腹部）を生じた．数時間，痛みを我慢したが，耐え切れず自家用車で救急外来を受診された．

対 応
① 救急外来にて診察・各種検査の結果，特に異常所見は認められず，鎮痛剤を処方されて帰宅していた．
② 定期の訪問リハビリの予定があったため，そ

のまま訪問を希望された．ケアマネジャーと連絡を取り合い，同行訪問した．
③バイタルサインには異常なく，本人に確認すると腹痛も落ち着き，リハビリも可能とのことだった．
④痛みの原因が不明であり，リハビリ後に入浴（訪問介護の介助）の予定もあったため，無理をしない範囲でのリハビリに留めるよう，プログラムを調整して実施した．
※入浴介助の訪問介護スタッフには，ケアマネジャーを通じて連絡をした．

■事例2：67歳男性．脳出血後遺症．左片麻痺あるも起居移動動作，日常生活動作は自立．その日は買い物のために外出していた．帰宅後，ギューッと締め付けられるような胸部痛，動悸を自覚，リハビリスタッフが訪問した際に，症状を訴えた．本人の意識ははっきりしており，緊急で受診をする必要はないと話した．

対　応
①バイタルサインを確認した．脈拍，血圧，SpO_2，その他に異常はなかった．
②安楽な姿勢をとること，安静を勧めた．
③処方薬を確認した．定期的な内服ができているか確認した．（特に問題なかった）
④症状は一時的なもので短時間のうちに状態改善したため，リハビリは関節可動域練習（ストレッチング等）などを実施した．
⑤次回，受診の際に主治医に，胸痛症状が出現したことを報告するよう伝えた．
※心房細動の既往あり，以前から主治医より心臓カテーテル検査を何度も勧められていたが，本人が断っていた．今後も同様の症状が再発する可能性が高い．

◆ポイント
患者の状態：「胸が重苦しい」「胸が締め付けられる」「突然苦しくなった」「おなかが痛い」「脇腹が痛い」「頭が痛い」「腰が痛い」など
確認項目：痛みの部位により多くの確認項目がある．ここでは一部をあげる．
・胸が締めつけられる，あるいは重苦しい感じがあるか？
・裂けるような痛みがあるか？
・意識の変化・冷や汗はあるか？
・突然苦しくなったか？　どれくらい続いているか？
・姿勢を変えても楽にならないか？
・押して痛みを感じる部位がはっきりしているか？
・発熱はあるか？

（7）不慮の事故

不慮の事故には，①交通事故（訪問中，送迎中など）②自然災害（地震，火事，水害など）③その他がある．対処する際の注意点としては，まず事態に遭遇した者が慌てず，落ち着いて目の前にいる患者・対象者などの安全を第一に考える必要がある．

交通事故等では，二次的な事故が起きないよう配慮するべきである．交通事故時の対応マニュアルを車両に常備しておくことが不可欠である（図6-2）．

しかし，事故状況はさまざまであり，個々のケースに応じた臨機応変な対応が必要となる場合もある．

■事例1：訪問リハビリスタッフ本人．冬期で道路はアイスバーンの状態．訪問先に車（法人所有車）で移動する途中，信号待ちをしていたところ後方から追突された．後続車は，凍った路面でブレーキが効かなかったとのこと．ある程度減速していたため，追突時の衝撃はそれほど強くなく，当方と相手方ともに身体状態に異常はなかったが，車は破損した．

対　応
①相手側運転者，自身の安全を確認した．
②運転継続可能であったため，他の車などの邪

交通事故の対応（フロー）

直後の事故の程度の判断
①人身事故　　　　　②器物破損　　　　　③被害なし
（あいまいでわからないときは，上司に連絡）

直後の連絡・対応
- 事故証明（警察に連絡）
- 管理者に連絡→事務長
- 保険会社担当者に連絡
- 医療機関で検査・治療
- 相手先の連絡先・保険会社を確認しておく

（③被害なしの場合）
- 経過観察
- 必要時挨拶に行く
- 相手の連絡先を聞く
- 事故報告書を作成
- 上司への報告

その後の対応
- 保険が関係する場合は，保険会社の担当者の指示にしたがう
  - 医療費の負担（自賠責か労災かその他か）
  - 自動車・自転車の修理代の負担・修理場所
  - 塀や備品の修理代の負担
- 相手の人に挨拶・面会・（謝罪）
  - 責任関係がはっきりしないときは，謝罪をしない
  - 所長自らが，必要時に"必要なもの"を持っていく
  - お金の交渉は，保険会社同士で行う旨を伝える
- 職員のフォロー
  - 落ち込まないように，落ち着くように
  - 事故報告書を作成する

[図6-2] 交通事故対応マニュアルの例

魔にならないよう路肩に移動した．
③警察に連絡した．
④事業所の管理者に連絡し，訪問者宅への連絡を依頼した．また，管理者は事務長に連絡した．
⑤警察官到着後，事故状況を説明し，事情聴取を受けた．
⑥相手側の連絡先・保険会社を確認した．
⑦事務所に戻った．
⑧医療機関（勤務先）での診察・検査を受けた．
⑨事故後の保険会社への連絡や，事故車の修理依頼などは事務局が対応した．
⑩事故報告書を作成，提出した．

> ■事例2：57歳女性．診断名は多系統萎縮症．起居移動動作，日常生活動作は全介助．自動運動はほとんどみられない．訪問リハビリ中，震度5強の地震が起こった．その直後，停電した．暖房器，電動ベッド，エアマット，吸引器など，電源を必要とする機器はすべて使用不可となった．家族は不在．訪問介護士は在宅していた．

対応
①地震発生時，プログラムの一環でちょうど車椅子に移乗し，居室から廊下に出たところだった．
②落下物などがないか周囲を確認，玄関扉を開放した．（脱出経路確保のため）
③声をかけ続け，状態を確認しながら，揺れがある程度収まるまで待った．

④屋外に脱出する必要が生じた場合の方法を検討した（スロープ設置など）．
⑤屋外が吹雪いてきたため，タオルケットなどで体温維持を心がけた．
⑥家族が急遽仕事場より帰宅され，無事に引き渡すことができた．
※家族への連絡はつながらなかった（携帯電話は使用できなかった）．

◆ポイント

突発的に起こる不慮の事故であるが，ほとんどは想定外の出来事である．その際にどのような対応をするのか，何ができるのかが非常に重要である．実際には判断に困る例も多くあるが，いかなるときにも冷静に正しい行動を選択できるよう，日頃から心の準備や訓練，マニュアル確認，整備などをしておくことが必要である．

(8) まとめ

いうまでもなく，本章で例としてあげた事例は，起こり得る緊急事態の中のほんの一部である．とりあげた事例以外に，脳血管疾患などの発症・再発や福祉用具・医療機器の破損，感染症の発生など，さまざまな緊急事態が考えられる．

訪問リハビリや通所リハビリの場面では，医師や看護師らがすぐそばにおらず，リハビリスタッフが唯一の頼るべき医療従事者であるという状況が頻回にみられる．このため，患者・対象者の体調変化などに対応する機会が多く，また期待される役割や責任も大きい．したがって，訪問リハビリや通所リハビリの難しい点，厳しい点も多々あるが，緊急事態に直面した際に自身が的確に状況を判断し対応できる能力があるかどうか，常に問いかけるべきである．迷ったときには，過剰な反応かと思えたとしても，より緊急性の高い重篤な結果を想定して対応することである．

また，医師，看護師，介護士，ケアマネジャーなど，他職種への報告・連絡・相談を欠かさず，良好な関係を構築する努力や連携を図る努力を怠ってはならない．

緊急事態に遭遇したとき，その対応をする際には，どうしてそう判断したのか，また反対にどうしてそう判断しなかったのか，根拠を持って説明できるよう学習・経験を積み，自身の能力を高めていく必要がある．

（ジョーンズ　佳子）

●●第6章　参考文献●●

1) 亀田メディカルセンター（編）：リハビリテーションリスク管理ハンドブック 改訂第2版．メジカルビュー社，2012.
2) 日本リハビリテーション医学会診療ガイドライン委員会（編）：リハビリテーション医療における安全管理・推進のためのガイドライン．医歯薬出版，2006.
3) 塩谷隆信・高橋仁美（編）：訪問呼吸ケア・リハビリテーション 誰でもわかる在宅呼吸管理．中外医学社，2011.
4) 宇田薫（編）：失敗に学ぶ訪問リハ裏ご法度．三輪書店，2011.
5) 全国訪問リハビリテーション研究会（編）：訪問リハビリテーション実践テキスト．青海社，2009.
6) 東京都医師会：介護職員・地域ケアガイドブック．(http://www.tokyo.med.or.jp/kaiin/kaigo/chiiki_care_guidebook/kaigo_guide.htm)〔2015年5月15日最終確認〕

索 引

数字・欧文字

4期連続モデル　66
ABI　112
ALS　39
ASO　112
BLS　135
BPSD　103
Check　5
CNC　94
CO_2ナルコーシス　120
COPD　118
　──の急性増悪　119
DESIGN-R　71
Do　5
DVT　126
EIH　120
FPS　129
Fr　59
FRAX　124
HMV　91
Home Oxygen Therapy　89
ICF　3
INC　94
IOC　94
MCI　102
Micro-aspiration　67
NPPV　91
NPUAP分類　71
NRS　129
on elbow　14
on hand　14
ORT　101
PDCAサイクル　5
Plan　5
PUBS　97
QOL　3
Quality of Life　3
SLR　75
SpO_2　58, 118
Survey　5
TPPV　91
VAS　129

VE　69
VF　69
VRS　129
WHO　3

あ

アームレスト　26
上がり框　51
悪液質　127
足踏み　78

い

意識障害　138
移乗　26
移乗バー　27
椅子座位　19
一次救命処置　135
一本杖　29
胃瘻　94
　──のカテーテル　94
インスリン　114

う

運動時ケトアシドーシス　114
運動誘発性低酸素血症　120

え

栄養剤注入　95
液体酸素　89
エスカレーター　53
嚥下食　35
嚥下造影検査　69
嚥下内視鏡検査　69

お

起き上がり　14
オムツ　37

か

介護士　35
外出　51
介助　8
咳嗽　58

改訂水飲みテスト　67
過介助　44
喀痰等の吸引　58
家事　48
下肢静脈血栓　126
活動　3
カフ　86
カフスボタン型カニューレ　86
加齢　29
簡易嚥下誘発試験　67
簡易手すり　40
がん患者のリハビリテーション
　　における中止基準　125
間歇的経口経管栄養法　94
間歇的経鼻経管栄養法　94
間接訓練　70
関連痛　128
緩和ケア　125

き

気管カニューレ　86
気管食道瘻　86
気管切開下陽圧換気　91
キャスター付き歩行器　30
吸引　58
吸引圧　59
吸引カテーテル　59
　──の洗浄　60
急性痛　129
虚血性心疾患　116
起立性低血圧　14, 113
緊急事態　134
　──の例　134

く

屈曲相　22
車椅子　26
車椅子座位　19

け

計画　5
経口補水療法　101
傾聴　6

経腸栄養剤　34
軽度認知障害　102
経皮的動脈血酸素飽和度　58

こ
誤飲　137
高圧アラーム　91
更衣　43
抗がん剤治療　126
後期高齢期　2
公共交通機関　52
口腔のケア　62
高血圧　112
　　──の定義　112
高血糖　114
抗重力筋　17
高張性脱水　99
交通事故　141
　　──対応マニュアル　142
口頭式評価スケール　129
誤嚥　137
誤嚥性肺炎　67
呼吸機能検査　118
呼吸困難　137
国際生活機能分類　3
骨髄抑制　126
骨折　139
骨折リスク　124
骨粗鬆症　122
骨転移　126
骨密度　124
固定型歩行器　30
コミュニケーション　6

さ
座椅子　34
在宅酸素療法　89
在宅人工呼吸療法　91
サイドケイン　30
サイドチューブ　86
座位保持　17
座面の硬さ　23
座面の高さ　23
参加　3
酸素供給装置　89
残存機能　8
三点杖　29

し
視覚的アナログスケール　129
歯間ブラシ　64
敷居　31
自己決定　9
自己選択　9
事故抜去　97
支持基底面　22
自主トレーニング　75
地震　141
自然災害　141
持続的経鼻経管栄養法　94
実行　5
湿性嗄声　138
室内履き　23
シャワーチェア　40
重錘バンド　76
住宅改修　37，40，51
絨毯　31
終末期　107
手指衛生　59
情報収集　5
静脈還流障害　17
食事　34
褥瘡　18，71
　　──の好発部位　73
自立支援　9
シルバーカー　30
人感センサーライト　32
人工呼吸　91
人口ピラミッド　2
心身機能　3
身体活動　75
伸展相　22
心不全　116
　　──の運動禁忌　116

す
水洗レバー　47
水分補給　99
数値的評価スケール　129
すくみ足　33
スクワット　78
スタンダード・プリコーション
　　59
すのこ　40

スパイロメトリー　118
スピーチカニューレ　86
スピリチュアルペイン　128
滑り止め　50
スポンジブラシ　63
スライディングボード　27
ずり落ち姿勢　18
座ってできるCOPD体操　80

せ
背上げ機能　14
生活機能　3
整容　46
世界保健機関　3
脊椎圧迫骨折　122
咳テスト　67
摂食嚥下障害　66
舌ブラシ　65
前傾姿勢　24
仙骨座り　17
洗濯　48
洗面台　46

そ
掃除　48
足関節/上腕血圧比　112
側孔付きカニューレ　86

た
ターミナル期　107
ターミナルケア　107
体圧分散　73
体幹の前傾　22
体性痛　128
多脚杖　29
立ち上がり　22
脱水症　99
段差　31
端座位　18
段差解消スロープ　31

ち
地域包括ケアシステム　3
蓄尿バッグ　97
チューブ　76
調理　48
腸瘻　94

つ
つっぱり棒　30
つま先立ち　78

て
低圧アラーム　91
定圧バルブ付きカニューレ　86
低血圧　112
低血糖　114
低張性脱水　99
手すり　23, 30
　　——の配置　40
電動ベッド　13
転倒リスク　122
　　——のスクリーニング評価　122

と
トイレ　37
動作介助　8
等張性脱水　99
疼痛　128, 140
糖尿病　114
　　——の症状　114
トータルペイン　128
閉じこもり　8

な
内臓痛　128

に
二重管　86
入浴　40
認知症　4, 102
　　——の原因疾患　102
　　——の周辺症状　103
　　——の中核症状　103

ね
寝返り　12
熱中症　100
粘膜用ブラシ　63

は
パーキンソン症候群　33
排泄　37

背面ユニット　19
廃用症候群　8
バスボード　40
ばち指　118
発熱　136
パニックコントロール　120
歯ブラシ　63
バルーン　97
反復唾液嚥下テスト　67

ひ
鼻咽腔閉鎖　67
肘置き　25
非侵襲的陽圧換気　91
評価　5
標準予防策　59
表情評価スケール　129

ふ
フィジカルアセスメント　58
フィジカルイグザミネーション　58
複管　86
不顕性誤嚥　67
浮腫　127
腹筋強化　75
フットレスト　26
プラーク　62
ブリッジ　75
ブレーデンスケール　71
フレンチ　59
プロセスモデル　66

へ
平均血圧　112
閉塞性動脈硬化症　112
ベッド　26
ベッドサイド　46
ベッド柵　12
ベッド上座位　18
ヘモグロビン酸素解離曲線　118

ほ
膀胱内留置カテーテル　97
放射線治療　126
ポータブルトイレ　38

歩行　29
歩行器　30
歩行車　30
歩行補助具　29
ポジショニング　20, 73
保湿剤　63

ま
末期がん　125
マットレス　12, 73
マネジメント　4
慢性痛　129
慢性閉塞性肺疾患　118

み
看取り　107
　　——の条件　107
脈圧　112

む
無自覚性低血糖　114
紫色蓄尿バッグ症候群　97

よ
浴槽台　40
四点杖　29

ら
ラトリング　58
ランツシステム　86

り
リフター　27
リンパ浮腫　127

れ
レティナ　86

【編者略歴】

高橋仁美（たかはし ひとみ）

1983 年	専門学校社会医学技術学院理学療法学科卒業
同 年	市立秋田総合病院技師
1993 年	市立秋田総合病院理学診療科主任
1997 年	市立秋田総合病院リハビリテーション科主任
2002 年	同副技師長
2006 年	同技師長
2011 年	秋田大学大学院医学系研究科医学専攻博士課程修了

日本理学療法士協会専門理学療法士（内部障害，運動器），日本理学療法士協会認定理学療法士（呼吸）

金子奈央（かねこ なお）

2007 年	下関看護リハビリテーション学校理学療法学科卒業
同 年	特定医療法人社団松涛会安岡病院
2011 年	特定医療法人社団松涛会彦島内科訪問リハビリテーション
同 年	日本福祉大学福祉経営学部医療福祉マネジメント学科卒業
2012 年	社会医療法人財団石心会川崎幸病院
2015 年	弘前大学大学院保健学研究科修了

3 学会合同（日本胸部外科学会，日本呼吸器学会，日本麻酔科学会）呼吸療法認定士，日本理学療法士協会認定理学療法士（呼吸）

PT・OT・STのための
訪問・通所リハビリテーション はじめの一歩　　ISBN 978-4-263-21541-8

2015 年 6 月 20 日　第 1 版 第 1 刷

編 者　髙　橋　仁　美
　　　　金　子　奈　央

発行者　大　畑　秀　穂

発行所　医歯薬出版株式会社

〒113-8612 東京都文京区本駒込 1-7-10
TEL.(03)5395-7628（編集）・7616（販売）
FAX.(03)5395-7609（編集）・8563（販売）
http://www.ishiyaku.co.jp/
郵便振替番号　00190-5-13816

乱丁，落丁の際はお取り替えいたします　　印刷・第一印刷所／製本・皆川製本所
© Ishiyaku Publishers Inc., 2015. Printed in Japan

本書の複製権・翻訳権・翻案権・上映権・譲渡権・貸与権・公衆送信権（送信可能化権を含む）・口述権は，医歯薬出版（株）が保有します．
本書を無断で複製する行為（コピー，スキャン，デジタルデータ化など）は，「私的使用のための複製」などの著作権法上の限られた例外を除き禁じられています．また私的使用に該当する場合であっても，請負業者等の第三者に依頼し上記の行為を行うことは違法となります．

JCOPY ＜(社)出版者著作権管理機構 委託出版物＞
本書をコピーやスキャン等により複製される場合は，そのつど事前に(社)出版者著作権管理機構（電話 03-3513-6969，FAX 03-3513-6979，e-mail：info@jcopy.or.jp）の許諾を得てください．